Walter Teltschik (Hg.) • Goethe an uns

Walter Teltschik (Hg.)

Goethe an uns

Aphorismen, Verse und Bemerkungen

FRIELING

Die Deutsche Bibliothek – CIP-Einheitsaufnahme
Teltschik, Walter (Hg.):
Goethe an uns : Aphorismen, Verse und Bemerkungen / Walter Teltschik (Hg.). –
Orig.-Ausg., 1. Aufl. – Berlin : Frieling, 1999
ISBN 3-8280-0758-9

Hünefeldzeile 18, D-12247 Berlin-Steglitz
Telefon: 0 30 / 76 69 99-0
ISBN 3-8280-0758-9
1. Auflage 1999
Umschlaggestaltung: Graphiti

Printed in Germany

Für Karin

Inhaltsverzeichnis

Zu dieser Sammlung

Johann Wolfgang von Goethe, 1749 in Frankfurt am Main geboren, 1832 in Weimar gestorben, war Dichter, Gelehrter, Naturwissenschaftler und Staatsmann. Er hatte einen prägenden Einfluß auf die deutsche Geistesgeschichte und das deutsche Selbstverständnis. Auf allen Gebieten hat er sich aus unmittelbarer Einsicht und brillantem Scharfsinn und oft mit erstaunlich modern anmutendem Einfühlungsvermögen, immer aber mit unüberbietbarer Prägnanz zu Welt und Leben geäußert.

In diesem Buch ist eine Auswahl von Versen, Aphorismen und Bemerkungen unseres größten Dichters zu willkürlich vorgegebenen Themen zusammengestellt. Die Auswahl stützt sich auf sein ganzes Lebenswerk.

Das Buch soll auch anregen, über die ausgewählten Sprüche und Zitate tiefer in Goethes Werk einzudringen und sich weiterzubilden. Auch heute noch ist er unser großer Lehrmeister, ja, er ist die Basis unserer Bildung schlechthin. Mehr noch, nach Nietzsche ist Goethe nicht nur ein guter und großer Mensch, sondern eine Kultur.

Walter Teltschik

Quellenvermerk

Jedes Zitat ist mit einem Quellenvermerk versehen.
Wurde das Zitat aus einem Werk entnommen, so wurde der gebräuchliche Name des Werkes genannt;
z.B.: *Faust II.*

Bei Briefen wurde der Name des Empfängers mit „An ...“ versehen;
z.B.: *An J. F. Krafft, 31.1.1781.*

Bei Gesprächspartner steht nur der Name;
z.B.: *F. v. Müller, 29.3.1831.*

Vom tätigen Leben

Säume nicht, dich zu erdreisten,
Wenn die Menge zaudernd schweift;
Alles kann der Edle leisten,
Der versteht und rasch ergreift.

Faust II

Das Muß ist hart, aber beim Muß kann der Mensch allein zeigen, wie's inwendig mit ihm steht. Willkürlich leben kann jeder.

An J. F. Krafft, 31.1.1781

Durch nichts bezeichnen die Menschen mehr ihren Charakter, als durch das, was sie lächerlich finden.

Wahlverwandtschaften

Wenn man etwas vor sich bringen will, muß man sich knapp zusammennehmen und sich wenig um das kümmern, was andere tun.

F. v. Müller, 29.3.1831

Wer sich von nun an nicht auf eine Kunst oder Handwerk legt, der wird übel dran sein. Das Wissen fördert nicht mehr bei dem schnellen Umtrieb der Welt; bis man von allem Notiz genommen hat, verliert man sich selbst.

Sprüche in Prosa

Zwischen heut und morgen
Liegt eine lange Frist;
Lerne schnell besorgen,
Da du noch munter bist.

Sprichwörtlich

Tätig zu sein ist des Menschen erste Bestimmung, und alle Zwischenzeiten, in denen er auszuruhen genötigt ist, sollte er anwenden, eine deutliche Erkenntnis der äußerlichen Dinge zu erlangen, die ihm in der Folge abermals seine Tätigkeit erleichtert.

Wilhelm Meisters Lehrjahre

Es gibt Menschen, die auf die Mängel ihrer Freunde sinnen; dabei ist nichts zu gewinnen. Ich habe immer auf die Verdienste meiner Widersacher acht gehabt und davon Vorteil gezogen.

Maximen und Reflexionen

Wer mit dem Leben spielt,
Kommt nie zurecht;
Wer sich nicht selbst befiehlt,
Bleibt immer Knecht.

Zahme Xenien

Derjenige, der sich mit Einsicht für beschränkt erklärt, ist der Vollkommenheit am nächsten.

Maximen und Reflexionen

Wer fertig ist, dem ist nichts recht zu machen,
Ein Werdender wird immer dankbar sein.

Faust, Vorspiel auf dem Theater

Vor zwei Dingen kann man sich nicht genug in Acht nehmen: beschränkt man sich in seinem Fache, vor Starrsinn, tritt man heraus, vor Unzulänglichkeit.

Maximen und Reflexionen

Niemand weiß, wie weit seine Kräfte gehen, bis er sie versucht hat.

Die Leiden des jungen Werthers

Kind, Kind! Nicht weiter! Wie von unsichtbaren Geistern gepeitscht gehen die Sonnenpferde der Zeit mit unseres Schicksals leichtem Wagen durch, und uns bleibt nichts, als mutig gefaßt die Zügel festzuhalten, und bald rechts, bald links,

vom Steine hier, vom Sturze da die Räder abzulenken.
Wohin es geht, wer weiß es?
Erinnert er sich doch kaum, woher er kam!

Egmont

Wer freudig tut und sich des Getanen freut, ist glücklich.

Maximen und Reflexionen

Mut und Bescheidenheit sind die unzweideutigsten Tugenden; denn sie sind von der Art, daß Heuchelei sie nicht nachahmen kann.

Maximen und Reflexionen

Vergnügen sucht der Mann sich in Gefahren.

Elpenor

Was heute nicht geschieht, ist morgen nicht getan,
Und keinen Tag soll man verpassen,
Das Mögliche soll der Entschluß
Beherzt sogleich beim Schopfe fassen,
Er will es dann nicht fahren lassen,
und wirket weiter, weil er muß.

Faust, Vorspiel auf dem Theater

Denn aller Fleiß, der männlich schätzenswerteste,
ist morgendlich, nur er gewährt dem ganzen Tag
Nahrung, Behagen, müder Stunden Vollgenuß.

Pandora

Fahrt fort in unmittelbarer Beachtung der Pflicht des Tages und prüft dabei die Reinheit eures Herzens und die Sicherheit eures Geistes. Wenn ihr sodann in freier Stunde aufatmet und euch zu erheben Raum findet, so gewinnt ihr euch gewiß eine richtige Stellung gegen das Erhabene, dem wir uns auf jede Weise verehrend hinzugeben, jedes Ereignis mit Ehrfurcht zu betrachten und eine höhere Leitung darin zu erkennen haben.

Wilhelm Meisters Wanderjahre

Des echten Mannes wahre Feier ist die Tat!

Pandora

Was verkürzt mir die Zeit?
Tätigkeit!
Was macht sie unerträglich lang?
Müßiggang!
Was bringt in Schulden?
Harren und Dulden!
Was macht gewinnen?
Nicht lange besinnen!
Was bringt zu Ehren?
Sich wehren!

Westöstlicher Divan

Man sollte alle Tage wenigstens ein kleines Lied hören, ein gutes Gedicht lesen, ein treffliches Gemälde sehen und, wenn es möglich wäre, ein paar vernünftige Worte sprechen.

Wilhelm Meisters Lehrjahre

Es ist nicht genug zu wissen, man muß auch anwenden;
es ist nicht genug zu wollen, man muß auch tun.

Maximen und Reflexionen

Jeder Tag bringt etwas zu tun und etwas zu sorgen, das ist denn noch das Beste von der Sache. Stein auf Stein, mit gutem Vorbedacht, gibt zuletzt auch ein Gebäude.

An Zelter, 8.3.1824

Ein jeder lernt nur, was er lernen kann;
Doch der den Augenblick ergreift,
Das ist der rechte Mann.

Faust I

Immer strebe zum Ganzen, und kannst du selber kein Ganzes
Werden, als dienendes Glied schließ an ein Ganzes dich an!

Vier Jahreszeiten

Selbst erfinden ist schön; doch glücklich von andern Gefundnes
Fröhlich erkannt und geschätzt, nennst du das weniger dein?

Antiker Form sich nähernd

Dieweil ich bin, muß ich auch tätig sein.

Faust II

Nichts aber ist nötiger, als daß man lerne, eigenes Tun und Vollbringen an das anzuschließen, was andere getan und vollbracht haben: das Produktive mit dem Historischen verbinden.

Wilhelm Meisters Lehrjahre

Was aber ist deine Pflicht? Die Forderung des Tages.

Maximen und Reflexionen

Was man tut, ist doch immer besser, als was man sagt.

An Charlotte von Stein, 24.12.1780

Ein Mann, der recht zu wirken denkt,
Muß auf das beste Werkzeug halten.

Faust, Vorspiel auf dem Theater

Gewohnt, jeden Tag zu tun, was die Umstände erfordern, was mir meine Einsichten, Fähigkeiten und Kräfte erlauben, bin ich unbekümmert, wie lang es dauern mag, und erinnere mich fleißig jenes Weisen, der auch drei wohlgenutzte Stunden für hinreichend erklärt hat.

An J. F. Krafft, 11.8.1780

Und nur soviel kann ich meinen werten Freunden, die mir das Beste wünschen, versichern, daß nur ununterbrochene Tätigkeit nach innen und außen mich lebendig erhält und daß ich nichts mehr wünsche, als Ihnen möge dadurch auch etwas Erfreuliches erwachsen.

An J. J. v. Willemer, 6.10.1816

Der Worte sind genug gewechselt,
Laßt mich auch endlich Taten sehn;
Indes ihr Komplimente drechselt,
Kann etwas Nützliches geschehn.

Faust, Vorspiel auf dem Theater

Auf strenges Ordnen, raschen Fleiß
Erfolgt der allerschönste Preis;
Daß sich das größte Werk vollende,
Genügt Ein Geist für tausend Hände.

Faust II

Du im Leben nichts verschiebe;
Sei dein Leben Tat um Tat.

Wilhelm Meisters Wanderjahre

„Wer ist ein unbrauchbarer Mann?"
Der nicht befehlen und auch nicht gehorchen kann.

Zahme Xenien

Drein greifen, packen ist das Wesen jeder Meisterschaft.

An Herder, 10.7.1772

Gebraucht der Zeit, sie geht so schnell von hinnen,
Doch Ordnung lehrt euch Zeit gewinnen.

Faust I

Wer sich schont, muß sich selbst verdächtig werden.

Egmont

Findet man mich aber freudig bei der Arbeit, unermüdet in meiner Pflicht, dann kann ich die Blicke eines jeden aushalten, weil ich die göttlichen nicht zu scheuen brauche.

Wahlverwandtschaften

Alles in der Welt kommt auf einen gescheiten Einfall und auf einen festen Entschluß an.

Wahlverwandtschaften

Denn der zur Tätigkeit geborene Mensch übernimmt sich in Planen und überladet sich mit Arbeiten.

Dichtung und Wahrheit

Die Tat ist alles, nichts der Ruhm.

Faust II

Tätigkeit allein verscheucht Furcht und Sorge.

Am Rhein, Main und Neckar

Mir hilft der Geist! auf einmal seh ich Rat
Und schreibe getrost: Im Anfang war die Tat!

Faust I

Denn im Grunde bin ich von Jugend her der Rechtsgelehrtheit näher verwandt als der Farbenlehre, und wenn man es genau besieht, so ist es ganz einerlei, an welchen Gegenständen man seine Tätigkeit üben, an welchen man seinen Scharfsinn versuchen mag.

An Ch. G. v. Voigt, 26.9.1809

Wenn jeder nur als einzelner seine Pflicht tut und jeder nur in dem Kreise seines nächsten Berufes brav und tüchtig ist, so wird es um das Wohl des Ganzen gut stehen.

Eckermann, 20.10.1830

O Gott, der Tag ist lang; und man kann entsetzlich viel tun, wenn man mit Folge arbeitet und Langeweile flieht.

F. v. Müller, 28.6.1830

Jeder Morgen ruft zu: das Gehörige zu tun und das Mögliche zu erwarten.

An M. P. v. Brühl, 23.10.1828

Und solang du das nicht hast,
Dieses: Stirb und werde!
Bist du nur ein trüber Gast
Auf der dunklen Erde.

Westöstlicher Divan

Schaff, das Tagwerk meiner Hände,
Hohes Glück, daß ich's vollende!
Laß, o laß mich nicht ermatten!
Nein, es sind nicht leere Träume:
Jetzt nur Stangen, diese Bäume
Geben einst noch Frucht und Schatten.

Hoffnung

Wie kann man sich selbst kennen lernen? Durch Betrachten niemals, wohl aber durch Handeln. Versuche deine Pflicht zu tun, und du weißt gleich, was an dir ist.

Maximen und Reflexionen

Lebenskunst und Lebenserkenntnis

Weißt du, worin der Spaß des Lebens liegt?
Sei lustig! – geht es nicht, so sei vergnügt.

Zahme Xenien I

Ich liebe mir den heitern Mann
Am meisten unter meinen Gästen;
Wer sich nicht selbst zum Besten haben kann,
Der ist gewiß nicht von den Besten.

Meine Wahl

Alles Gescheite ist schon gedacht worden;
man muß nur versuchen, es noch einmal zu denken.

Maximen und Reflexionen

Das Wahre ist eine Fackel, aber eine ungeheure; deswegen suchen wir alle nur blinzelnd so daran vorbeizukommen, in Furcht sogar, uns zu verbrennen.

Maximen und Reflexionen

Der Wein erfreut des Menschen Herz, und die Freudigkeit ist die Mutter aller Tugenden.

Götz von Berlichingen

Eine tägliche Übersicht des Geleisteten und Erlebten macht erst, daß man seines Tuns gewahr und froh werde, sie führt zur Gewissenhaftigkeit. Was ist die Tugend anders als das wahrhaft Passende in jedem Zustande? Fehler und Irrtümer treten bei solcher täglichen Buchführung von selbst hervor, die Beleuchtung des Vergangenen wuchert für die Zukunft. Wir lernen den Moment würdigen, wenn wir ihn alsobald zu einem historischen machen.

F. v. Müller, 23.8.1827

Wir können einem Widerspruch in uns selbst nicht entgehen; wir müssen ihn auszugleichen suchen. Wenn uns andere widersprechen, das geht uns nichts an, das ist ihre Sache.

Maximen und Reflexionen

Mann mit zugeknöpften Taschen,
Dir tut keiner was zu lieb:
Hand wird nur von Hand gewaschen;
Wenn du nehmen willst, so gib!

Wie du mir, so ich dir

Der Irrtum ist viel leichter zu erkennen, als die Wahrheit zu finden; jener liegt auf der Oberfläche, damit läßt sich wohl fertig werden; diese ruht in der Tiefe, danach zu forschen ist nicht jedermanns Sache.

Maximen und Reflexionen

Der Wein, er erhöht uns, er macht uns zum Herrn
Und löset die sklavischen Zungen.

Gewohnt, getan

Ja; diesem Sinne bin ich ganz ergeben,
Das ist der Weisheit letzter Schluß:
Nur der verdient sich Freiheit wie das Leben,
Der täglich sie erobern muß.

Faust II

Wir alle leben vom Vergangenen und gehen am Vergangenen zugrunde.

Maximen und Reflexionen

Kein Mensch kann eine Faser seines Lebens ändern, ob er gleich vieles an sich bilden kann.

An F. H. Jacobi, 31.3.1784

Greift nur hinein ins volle Menschenleben!
Ein jeder lebt's, nicht vielen ist's bekannt,
Und wo ihr's packt, da ist's interessant.

Faust, Vorspiel auf dem Theater

„Wie man nur so leben mag?
Du machst dir gar keinen guten Tag!“
Ein guter Abend kommt heran,
Wenn ich den ganzen Tag getan.

Lebensgenuß

Jeder suche den Besitz, der ihm von der Natur, vom Schicksal gegönnt war, zu würdigen, zu erhalten, zu steigern; er greife mit allen seinen Fertigkeiten so weit umher, als er zu erreichen fähig ist; immer aber denke er dabei, wie er andere daran will teilnehmen lassen: Denn nur insofern werden die Vermögenden geschätzt, als andere durch sie genießen.

Wilhelm Meisters Wanderjahre

Niemand weiß, wie lang er es hat, was er ruhig besitzet.

Hermann und Dorothea

Wenn ihr's nicht fühlt, ihr werdet's nicht erjagen,
Wenn es nicht aus der Seele dringt
Und mit urkräftigem Behagen
Die Herzen aller Hörer zwingt.

Faust I

In der Welt kommt's nicht darauf an, daß man die Menschen kenne, sondern daß man im Augenblick klüger sei als der vor uns Stehende. Alle Jahrmärkte und Marktschreier geben Zeugnis.

Maximen und Reflexionen

Werde klüger so wie du älter wirst.

An Cornelia Goethe, 7.12.1765

Welch ein Unterschied ist nicht zwischen einem Menschen, der sich von innen aus auferbauen, und einem, der auf die Welt wirken und sie zum Hausgebrauch belehren will.

Italienische Reise

Nur bei verwickelten, mißlichen Fällen erkennt der Mensch, was in ihm steckt.

An Kestner, 1779

Alle denken gewiß, in kurzen Tagen zur Heimat wiederzukehren; so pflegt sich stets der Vertriebene zu schmeicheln.

Hermann und Dorothea

So viel Philosophie, als ich bis zu meinem seligen Ende brauche, habe ich noch allenfalls in Vorrat; eigentlich brauche ich gar keine.

F. v. Müller, 16.7.1827

Der Undank ist immer eine Art Schwäche. Ich habe nie gesehen, daß tüchtige Menschen wären undankbar gewesen.

Maximen und Reflexionen

Jedermann beklagt sich über die äußerste Teuerung und fährt doch fort, Geld auszugeben und den Luxus zu vermehren, über den er sich beschwert.

An Herzog Karl August, 8.8.1797

Was fruchtbar ist, allein ist wahr.

Vermächtnis

Man reist ja nicht, um anzukommen, sondern um zu reisen.

Caroline v. Herder, 4./8.9.1788

Nun glaub ich, auf dem rechten Wege zu sein, da ich mich immerfort als einen Reisenden betrachte, der vielem entsagt, um vieles zu genießen.

Wahlverwandtschaften

Mancher klopft mit dem Hammer an der Wand herum und glaubt, er treffe jedesmal den Nagel auf den Kopf.

Maximen und Reflexionen

Wer fremde Sprachen nicht kennt, weiß nichts von seiner eigenen.

Maximen und Reflexionen

Durch Stolpern kommt man bisweilen weiter; man muß nur nicht fallen und liegenbleiben.

Maximen und Reflexionen

Seelenleiden, in die wir durch Unglück oder eigene Fehler geraten, sie zu heilen vermag der Verstand nichts, die Vernunft wenig, die Zeit viel, entschlossene Tätigkeit hingegen alles.

Wilhelm Meisters Wanderjahre

Gegen große Vorzüge eines andern gibt es kein Rettungsmittel als die Liebe.

Wahlverwandtschaften

Das ist in der Welt nun einmal nicht anders, keiner gönnt dem andern seine Vorzüge, von welcher Art sie auch seien, und da er sie ihm nicht nehmen kann, so verkleinert er oder leugnet sie oder sagt gar das Gegenteil.

An Christiane v. Goethe, 2.7.1808

Wir erschrecken über unsere eigenen Sünden, wenn wir sie an anderen erblicken.

An F. H. Jacobi, 9.9.1788

Vieles kann ich ertragen. Die meisten beschwerlichen Dinge
Duld ich mit ruhigem Mut, wie es ein Gott mir gebeut.
Wenige sind mir jedoch wie Gift und Schlange zuwider,
Viere: Rauch des Tabaks, Wanzen, Knoblauch und †.

Venezianische Epigramme

Trunken müssen wir alle sein!
Jugend ist Trunkenheit ohne Wein;
Trinkt sich das Alter wieder zu Jugend,
So ist es wundervolle Tugend.
Für Sorgen sorgt das liebe Leben,
Und Sorgenbrecher sind die Reben.

Westöstlicher Divan

Der Mensch darf sich nicht gehen lassen; er muß sich kontrollieren; der bloße nackte Instinkt geziemt nicht dem Menschen.

Maximen und Reflexionen

Drei Dinge werden nicht eher erkannt als zu gewisser Zeit: ein Held im Krieg, ein weiser Mann im Zorn, ein Freund in der Not.

Maximen und Reflexionen

Nur Heiterkeit und grader Sinn
Verschafft dir endlichen Gewinn.

Sprichwörtlich

Da Sie übrigens meinen Diwan so gut kennen, so wissen Sie, daß ich selber gesagt habe: „Wenn man Wein getrunken hat, weiß man das Rechte", und daß ich Ihnen also vollkommen beistimme. Es liegen im Wein allerdings produktiv machende Kräfte sehr bedeutender Art; aber es kommt dabei alles auf Zustände und Zeit und Stunde an, und was dem einen nützet, schadet dem andern.

Eckermann, 11.3.1828

Wenn der schwer Gedrückte klagt:
Hilfe, Hoffnung sei versagt,
Bleibet heilsam fort und fort
immer noch ein freundlich Wort.

Westöstlicher Divan

Das Edle zu erkennen, ist Gewinst,
Das nimmer uns entrissen werden kann.

Tasso

Ein Mann, der Tränen streng entwöhnt,
Mag sich ein Held erscheinen;
Doch wenn's im Innern sehnt und dröhnt,
Geb ihm ein Gott – zu weinen.

Zahme Xenien

Ein guter Mensch in seinem dunklen Drange,
Ist sich des rechten Weges wohl bewußt.

Faust, Prolog im Himmel

O glücklich, wer noch hoffen kann,
Aus diesem Meer des Irrtums aufzutauchen!
Was man nicht weiß, das eben brauchte man,
Und was man weiß, kann man nicht brauchen.

Faust I

Diese Gondel vergleich ich der sanft einschaukelnden Wiege,
Und das Kästchen darauf scheint ein geräumiger Sarg.
Recht so! Zwischen der Wieg und dem Sarg wir schwanken und schweben
Auf dem Großen Kanal sorglos durchs Leben dahin.

Venezianische Epigramme

Weite Welt und breites Leben,
Langer Jahre redlich Streben,
Stets geforscht und stets gegründet,
Nie geschlossen, oft geründet,

Ältestes bewahrt mit Treue,
Freundlich aufgefaßtes Neue,
Heitern Sinn und reine Zwecke:
Nun, man kommt wohl eine Strecke!

Gott und die Welt

Die Zeit ist unendlich lang und ein jeder Tag ein Gefäß, in das sich sehr viel eingießen läßt, wenn man es wirklich ausfüllen will.

Dichtung und Wahrheit

Seele des Menschen,
Wie gleichst du dem Wasser!
Schicksal des Menschen,
Wie gleichst du dem Wind.

Gesang der Geister über den Wassern

Man kann die Erfahrung nicht früh genug machen,
wie entbehrlich man in der Welt ist.

Wilhelm Meisters Lehrjahre

Rat zu geben, das ist das dümmste Handwerk, das einer treiben kann. Rate sich jeder selbst und tue, was er nicht lassen kann.

Wahlverwandtschaften

Hat Rat bei Menschen je gegolten?
Ein kluges Wort erstarrt im harten Ohr.

Faust II

Man sollte nur Rat geben in Dingen, in denen man selber mitwirken will. Bittet mich ein anderer um guten Rat, so sage ich wohl, daß ich bereit sei, ihn zu geben, jedoch nur mit dem Beding, daß er versprechen wolle, nicht danach zu handeln.

Eckermann, 13.2.1831

Handeln ist leicht, Denken schwer; nach dem Gedanken handeln unbequem.

Wilhelm Meisters Lehrjahre

Jede Lösung eines Problems ist ein neues Problem.

F. v. Müller, 8.6.1821

Aller Anfang ist schwer! Das mag in einem gewissen Sinne wahr sein; allgemeiner aber kann man sagen: aller Anfang ist leicht, und die letzten Stufen werden am schwersten und seltensten erstiegen.

Wilhelm Meisters Wanderjahre

Des Lebens Mühe
Lehrt uns allein des Lebens Güter schätzen.

Tasso

Die Schwierigkeiten wachsen, je näher man dem Ziele kommt.

Wahlverwandtschaften

Die Irrtümer des Menschen machen ihn eigentlich liebenswürdig.

Maximen und Reflexionen

Der Irrtum ist recht gut, solange wir jung sind; man muß ihn nur nicht mit ins Alter schleppen.

Maximen und Reflexionen

Hoch ist der Doppelgewinn zu schätzen:
Barmherzig sein und sich zugleich ergetzen.

Faust II

Gut verloren – etwas verloren!
Mußt rasch dich besinnen
Und neues gewinnen.
Ehre verloren – viel verloren!
Mußt Ruhm gewinnen,
Da werden die Leute sich anders besinnen.
Mut verloren – alles verloren!
Da wär es besser, nicht geboren.

Zahme Xenien

Der Mut stellt sich die Wege kürzer vor.

Tasso

Man nimmt in der Welt jeden, wofür er sich gibt; aber er muß sich auch für etwas geben. Man erträgt die Unbequemen lieber, als man die Unbedeutenden duldet.

Maximen und Reflexionen

Sage mir, mit wem du umgehst, so sage ich dir, wer du bist; weiß ich, womit du dich beschäftigst, so weiß ich, was aus dir werden kann.

Maximen und Reflexionen

Du hast recht, ich treibe die Sachen, als wenn wir ewig auf Erden leben sollten.

An J. K. Lavater

Vergebens werden ungebundene Geister
Nach der Vollendung reiner Höhe streben.
Wer Großes will, muß sich zusammenraffen;
In der Beschränkung zeigt sich erst der Meister,
und das Gesetz nur kann uns Freiheit geben.

Natur und Kunst

Du bist am Ende – was du bist.
Setz' dir Perücken auf von Millionen Locken,
Setz' deinen Fuß auf ellenhohe Socken,
Du bleibst doch immer, was du bist.

Faust I

Ein großer Fehler: daß man sich mehr dünkt, als man ist, und sich weniger schätzt, als man wert ist.

Maximen und Reflexionen

Es erben sich Gesetz' und Rechte
Wie eine ew'ge Krankheit fort;
Sie schleppen von Geschlecht sich zum Geschlechte
Und rücken sacht von Ort zu Ort.
Vernunft wird Unsinn, Wohltat Plage;
Weh dir, daß du ein Enkel bist!
Vom Rechte, das mit uns geboren ist,
Von dem ist leider! nie die Frage.

Faust I

Wir lernen die Menschen nicht kennen, wenn sie zu uns kommen; wir müssen zu ihnen gehen, um zu erfahren, wie es mit ihnen steht.

Maximen und Reflexionen

Daran erkenn' ich den gelehrten Herrn!
Was ihr nicht tastet, steht euch meilenfern,
Was ihr nicht faßt, das fehlt euch ganz und gar,
Was ihr nicht rechnet, glaubt ihr, sei nicht wahr,
Was ihr nicht wägt, hat für euch kein Gewicht,
Was ihr nicht münzt, das, meint ihr, gelte nicht.

Faust II

Im neuen Jahre Glück und Heil!
Auf Weh und Wunden gute Salbe!
Auf groben Klotz ein grober Keil!
Auf einen Schelmen anderthalbe!

Sprichwörtlich

So wie der Papst auf seinem Thron,
So sitzt der Akademiker auf seinem Lohn.

Zahme Xenien

In der jetzigen Zeit soll niemand schweigen oder nachgeben; man muß reden und sich rühren, nicht um zu überwinden, sondern sich auf seinem Posten zu erhalten; ob bei der Majorität oder Minorität, ist ganz gleichgültig.

Maximen und Reflexionen

Eines schickt sich nicht für alle!
Sehe jeder, wie er's treibe,
Sehe jeder, wo er bleibe,
Und wer steht, daß er nicht falle!

Beherzigung

Um zu begreifen, daß der Himmel überall blau ist, braucht man nicht um die Welt zu reisen.

Maximen und Reflexionen

Die größten Schwierigkeiten liegen da, wo wir sie nicht suchen.

Maximen und Reflexionen

Nach ewigen, ehrnen,
Großen Gesetzen
Müssen wir alle
Unseres Daseins
Kreise vollenden.

Das Göttliche

Eigentlich weiß man nur, wenn man wenig weiß; mit dem Wissen wächst der Zweifel.

Maximen und Reflexionen

Bildung des Herzens

Zum Lichte des Verstandes können wir immer gelangen, aber die Fülle des Herzens kann uns niemand geben.

Wilhelm Meisters Lehrjahre

Verstand und Vernunft sind ein formelles Vermögen,
das Herz liefert den Gehalt, den Stoff.

Riemer, 15.1.1810

Jeder Mensch soll Freude an sich selbst haben,
und glücklich, wer sie hat.

Wilhelm Meisters Wanderjahre

Woran aber sollen junge Leute das höchste Interesse finden, wie sollen sie unter ihresgleichen Interesse erregen, wenn die Liebe sie nicht beseelt, und wenn nicht Herzensangelegenheiten, von welcher Art sie auch sein mögen, in ihnen lebendig sind.

Dichtung und Wahrheit

So eine wahre, warme Freude ist nicht in der Welt, als eine große Seele zu sehen, die sich gegen einen öffnet.

Die Leiden des jungen Werthers

Ich hasse die Menschen, die nichts bewundern,
denn ich habe Zeit meines Lebens alles bewundert.

Soret, 8.5.1831

Zwei Seelen wohnen, ach! in meiner Brust,
Die eine will sich von der andern trennen;
Die eine hält, in derber Liebeslust,
Sich an die Welt mit klammernden Organen;
Die andere hebt gewaltsam sich vom Dust
Zu den Gefilden hoher Ahnen.

Faust I

In der Welt ist es sehr selten mit dem Entweder – Oder getan; die Empfindungen und Handlungsweisen schattieren sich so mannigfaltig, als Abfälle zwischen einer Habichts- und Stumpfnase sind.

Die Leiden des jungen Werthers

Welch Glück ist's, ein leichtes, ein freies Herz zu haben!

An Catharina Fabricius, 27.6.1770

Wer von seinem Verstande zum Schaden anderer Gebrauch macht oder diese auch nur dadurch einschränkt, ist insofern unmoralisch.

Riemer, 3.2.1807

Uns selbst zu achten, leitet unsere Sittlichkeit; andere zu schätzen, regiert unser Betragen.

Maximen und Reflexionen

Niemand, wenn er auch noch soviel besitzt, kann ohne Sehnsucht bestehen; die wahre Sehnsucht aber muß gegen ein Unerreichbares gerichtet sein, die meinige war es gegen die bildende Kunst.

Dichtung und Wahrheit

Selig, wer sich vor der Welt
Ohne Haß verschließt,
Einen Freund am Busen hält
Und mit dem genießt.

An den Mond

Wir sind nie entfernter von unseren Wünschen, als wenn wir uns einbilden, das Gewünschte zu besitzen.

Wahlverwandtschaften

Efeu und ein zärtlich Gemüt
Heftet sich an und grünt und blüht.
Kann es weder Stamm noch Mauer finden,
Es muß verdorren, es muß verschwinden.

Sprichwörtlich

In jedes gute Herz ist das edle Gefühl von der Natur gelegt, daß es für sich allein nicht glücklich sein kann, daß es sein Glück in dem Wohl der andern suchen muß.

Groß-Cophta

Edel sei der Mensch,
Hülfreich und gut!
Denn das allein
Unterscheidet ihn
Von allen Wesen,
Die wir kennen.

Das Göttliche

Am liebsten ist mir denn aber doch, was ich in der Seele mitnehme und was, immer wachsend, sich immer vermehren kann.

Italienische Reise

Doch sei es schöner, herzerhebender, wenn der Mensch sich sagen dürfe: er sei sein Glück sich selbst, der stillen, ruhigen Überzeugung seines Herzens, einem edlen Vorsatz und raschen Entschlusse schuldig geworden.

Wilhelm Meisters Wanderjahre

Wer gegen sich selbst und andere wahr ist und bleibt, besitzt die schönste Eigenschaft der größten Talente.

Maximen und Reflexionen

Alle Gesetze und Sittenregeln lassen sich
auf eines zurückführen: Wahrheit.

F. v. Müller, 28.3.1819

Willst du immer weiter schweifen?
Sieh, das Gute liegt so nah!
Lerne nur das Glück ergreifen,
Denn das Glück ist immer da!

Erinnerung

Mein Erbteil wie herrlich, weit und breit!
Die Zeit ist mein Besitz, mein Acker ist die Zeit.

Westöstlicher Divan

Bescheidenheit ist eigentlich eine gesellige Tugend, sie deutet auf große Ausbildung; sie ist eine Selbstverleugnung nach außen, welche, auf einem großen inneren Werte ruhend, als die höchste Eigenschaft des Menschen angesehen wird.

Westöstlicher Divan

Die größten Menschen, die ich gekannt habe und die Himmel und Erde vor ihrem Blick frei hatten, waren demütig und wußten, was sie stufenweis zu schätzen hatten.

An Lavater, 24.7.1780

Wornach soll man am Ende trachten?
Die Welt zu kennen und sie nicht verachten.
Hast du es so lange wie ich getrieben,
Versuche wie ich das Leben zu lieben.

Zahme Xenien

So wie der Weihrauch einer Kohle Leben erfrischet, so erfrischet das Gebet die Hoffnungen des Herzens.

Maximen und Reflexionen

Vom Reinen läßt das Schicksal sich versöhnen,
Und alles löst sich auf im Guten und im Schönen.

Was wir bringen

Tief und ernstlich denkende Menschen haben gegen das Publikum einen bösen Stand.

Maximen und Reflexionen

Denn da uns das Herz immer näher liegt als der Geist, und uns dann zu schaffen macht, wenn dieser sich wohl zu helfen weiß, so waren mir die Angelegenheiten des Herzens immer als die wichtigsten erschienen.

Dichtung und Wahrheit

Nur wenn das Herz erschlossen,
Dann ist die Erde schön.
Du standest so verdrossen
Und wußtest nicht zu sehn.

Zahme Xenien

Schließt eure Herzen sorgfältiger als eure Tore. Es kommen die Zeiten des Betrugs, es ist ihm Freiheit gegeben. Die Nichtswürdigen werden regieren mit List, und der Edle wird in ihre Netze fallen.

Götz von Berlichingen

Pfeiler, Säulen kann man brechen,
Aber nicht ein freies Herz.

Epimenides

Doch ein gekränktes Herz erholt sich schwer.

Tasso

Doch werdet ihr nie Herz zu Herzen schaffen,
Wenn es euch nicht von Herzen geht.

Faust I

Gott wirkt im Leben

Wie einer ist, so ist sein Gott;
Darum ward Gott so oft zum Spott.

Zahme Xenien

Wer das hört (von den jungen Zaunkönigen, die vom Rotkehlchen gefüttert werden) und nicht an Gott glaubt, dem helfen nicht Moses und die Propheten. Das ist es nun, was ich die Allgegenwart Gottes nenne, der einen Teil seiner unendlichen Liebe überall verbreitet und eingepflanzt hat, und schon im Tiere dasjenige als Knospe andeutet, was im edlen Menschen zur schönsten Blüte kommt.

Eckermann, 8.10.1827

Große Gedanken und ein reines Herz, das ist's,
was wir uns von Gott erbitten sollten!

Wilhelm Meisters Wanderjahre

Im Atemholen sind zweierlei Gnaden:
Die Luft einziehen, sich ihrer entladen.
Jenes bedrängt, dieses erfrischt;
So wundersam ist das Leben gemischt.
Du danke Gott, wenn er dich preßt,
Und dank' ihm, wenn er dich wieder entläßt.

Westöstlicher Divan

Was wär ein Gott, der nur von außen stieße,
Im Kreis das All am Finger laufen ließe!
Ihm ziemt's, die Welt im Innern zu bewegen,
Natur in sich, sich in Natur zu hegen,
So daß, was in ihm lebt und webt und ist,
Nie seine Kraft, nie seinen Geist vermißt.

Gott und Welt

Wer Wissenschaft und Kunst besitzt,
Hat auch Religion;
Wer jene beiden nicht besitzt,
Der habe Religion.

Zahme Xenien

Wer ist denn noch heutzutage ein Christ, wie Christus ihn haben wollte? Ich vielleicht allein, ob ihr mich gleich für einen Heiden haltet.

F. v. Müller, 7.4.1830

Das Christentum ist so tief in der menschlichen Natur und ihrer Bedürftigkeit begründet, daß auch in dieser Beziehung mit Recht zu sagen ist: Des Herrn Wort bleibet ewiglich.

C. F. John, 2.5.1812

Das Höchste, wozu der Mensch gelangen kann, ist das Erstaunen; und wenn ihn das Urphänomen in Erstaunen setzt, so sei er zufrieden; ein Höheres kann es ihm nicht gewähren und ein Weiteres soll er nicht dahinter suchen; hier ist die Grenze.

Eckermann, 18.2.1829

Fragt man mich, ob es in meiner Natur sei, die Sonne zu verehren, so sage ich abermals: durchaus! Denn sie ist gleichfalls eine Offenbarung des Höchsten, und zwar die mächtigste, die uns Erdenkindern wahrzunehmen vergönnt ist.

Eckermann, 11.3.1832

Wär nicht das Auge sonnenhaft,
Die Sonne könnt es nie erblicken;
Läg nicht in uns des Gottes eigene Kraft,
Wie könnt uns Göttliches entzücken?

Zahme Xenien

Gott hat die Gradheit selbst ans Herz genommen;
Auf gradem Weg ist niemand umgekommen.

Zahme Xenien

Denn mit Göttern
Soll sich nicht messen
Irgend ein Mensch!
Hebt er sich aufwärts
Und berührt
Mit dem Scheitel die Sterne,
Nirgends haften dann
Die unsicheren Sohlen,
Und mit ihm spielen
Wolken und Winde.

Grenzen der Menschheit

Wir können bei der Betrachtung des Weltgebäudes in seiner weitesten Ausdehnung, in seiner letzten Teilbarkeit uns der Vorstellung nicht erwehren, daß dem Ganzen eine Idee zum Grunde liege, wornach Gott in der Natur, die Natur in Gott, von Ewigkeit zu Ewigkeit, schaffen und wirken möge. Anschauung, Betrachtung, Nachdenken führen uns näher an jene Geheimnisse. Wir erdreisten uns und wagen auch Ideen; wir bescheiden uns und bilden Begriffe, die analog jenen Uranfängen sein möchten.

Schriften zur Natur- und Wissenschaftslehre

Das schönste Glück des denkenden Menschen ist, das Erforschliche erforscht zu haben und das Unerforschliche ruhig zu verehren.

Maximen und Reflexionen

Kepler sagte: Mein höchster Wunsch ist, den Gott, den ich im Äußeren überall finde, auch innerlich, innerhalb meiner gleichermaßen gewahr zu werden. Der edle Mann fühlte sich nicht bewußt, daß eben in dem Augenblicke das Göttliche in ihm mit dem Göttlichen des Universums in genauester Verbindung stand.

Maximen und Reflexionen

O Freund, der Mensch ist nur ein Tor,
Stellt er sich Gott als seinesgleichen vor.

Der ewige Jude

Frage nicht, durch welche Pforte
Du in Gottes Haus gekommen,
Sondern bleib am stillen Orte,
Wo du einmal Platz genommen.

Westöstlicher Divan

Was hilft all das Kreuzigen und Segnen?
Ich bitte Gott, daß er mich täglich haushälterischer werden lasse, um freigebig sein zu können, es sei mit Geld oder Gut, Leben oder Tod.

An Charlotte v. Stein

„Ich glaube einen Gott!" dies ist ein schönes, löbliches Wort; aber Gott anerkennen, wo und wie er sich offenbare, das ist eigentlich die Seligkeit auf Erden.

Maximen und Reflexionen

Der protestantische Gottesdienst hat zu wenig Fülle und Konsequenz, als daß er die Gemeine zusammenhalten könnte; daher geschieht es leicht, daß Glieder sich von ihr absondern.

Dichtung und Wahrheit

Wenn man die Leute reden hört, so sollte man fast glauben, sie seien der Meinung, Gott habe sich seit jener alten Zeit ganz in die Stille zurückgezogen, und der Mensch wäre jetzt ganz auf eigene Füße gestellt und müsse sehen, wie er ohne Gott und sein tägliches unsichtbares Anhauchen zurechtkomme. In religiösen und moralischen Dingen gibt man noch allenfalls eine göttliche Einwirkung zu, allein in Dingen der Wissenschaft und Künste glaubt man, es sei lauter Irdisches und nichts weiter als ein Produkt rein menschlicher Kräfte.

Eckermann, 11.3.1832

Denn ein Gott hat
Jedem seine Bahn
Vorgezeichnet,
Die der Glückliche
Rasch zu freudigem
Ziele rennt;
Wenn aber Unglück
Das Herz zusammenzog,
Er sträubt vergebens
Sich gegen die Schranken
Des ehernen Fadens,
Den die doch bittre Schere
Nur einmal löst.

Harzreise im Winter

Nicht das macht frei, daß wir nichts über uns anerkennen wollen, sondern eben, daß wir etwas verehren, das über uns ist. Denn indem wir es verehren, heben wir uns zu ihm hinauf und legen durch unsere Anerkennung an den Tag, daß wir selber das Höhere in uns tragen und wert sind, seinesgleichen zu sein.

Eckermann, 18.1.1827

Im Namen dessen, der sich selbst erschuf,
Von Ewigkeit in schaffendem Beruf!
In seinem Namen, der den Glauben schafft,
Vertrauen, Liebe, Tätigkeit und Kraft;
In jenes Namen, der so oft genannt,
Dem Wesen nach blieb immer unbekannt:
So weit das Ohr, so weit das Auge reicht,
Du findest nur Bekanntes, das ihm gleicht,
Und deines Geistes höchster Feuerflug
Hat schon am Gleichnis, hat am Bild genug;
Es zieht dich an, es reißt dich heiter fort,
Und wo du wandelst, schmückt sich Weg und Ort;
Du zählst nicht mehr, berechnest keine Zeit,
Und jeder Schritt ist Unermeßlichkeit.

Gott und Welt

Als ich einmal eine Spinne erschlagen,
Dacht ich, ob ich das wohl gesollt?
Hat Gott ihr doch wie mir gewollt
Einen Anteil an diesen Tagen.

Westöstlicher Divan

Was wolle das heißen: Stadt Gottes? Gott habe keine Stadt, sondern ein Reich, kein Reich, sondern eine Welt, keine Welt, sondern Welten.

F. v. Müller, 28.3.1830

Der Glaube an den einigen Gott wirkt immer geisterhebend, indem er den Menschen auf die Einheit seines eigenen Innern zurückweist.

Westöstlicher Divan

Das Christentum steht mit dem Judentum in einem weit stärkeren Gegensatz als mit dem Heidentum.

Maximen und Reflexionen

Gewiß, es ist keine schönere Gottesverehrung als die, zu der man kein Bild bedarf, die bloß aus dem Wechselgespräch mit der Natur in unserem Busen entspringt.

Dichtung und Wahrheit

Laßt uns zur Kapelle treten!
Letzten Sonnenblick zu schaun;
Laßt uns läuten, knien, beten!
Und dem alten Gott vertraun.

Faust II

Der Mensch soll an Unsterblichkeit glauben, er hat dazu ein Recht, es ist seiner Natur gemäß, und er darf auf religiöse Zusagen bauen; wenn aber der Philosoph den Beweis für die Unsterblichkeit unserer Seele aus einer Legende hernehmen will, so ist das sehr schwach und will nicht viel heißen.

Eckermann, 4.2.1829

Kein tüchtiger Mensch läßt seiner Brust den Glauben an Unsterblichkeit rauben.

F. v. Müller, 16.2.1830

Deshalb ist die Bibel ein ewig wirksames Buch, weil, solange die Welt steht, niemand auftreten und sagen wird: Ich begreife es im Ganzen und verstehe es im Einzelnen. Wir aber sagen bescheiden: Im Ganzen ist es ehrwürdig und im Einzelnen anwendbar.

Maximen und Reflexionen

... wenn wir ja im Sittlichen durch Glauben an Gott, Tugend und Unsterblichkeit uns in eine obere Region erheben und an das erste Wesen annähern sollen, so dürft' es wohl im Intellektuellen derselbe Fall sein, daß wir uns durch das Anschauen einer immer schaffenden Natur zur geistigen Teilnahme an ihren Produktionen würdig machten.

Schriften zur Natur- und Naturwissenschaftslehre

Mein Liebchen, wer darf sagen:
Ich glaub an Gott!
Magst Priester oder Weise fragen,
Und ihre Antwort scheint nur Spott
Über den Frager zu sein.

Faust I

Denn vor Gott ist alles herrlich ...

Westöstlicher Divan

Es schrieb jemand eine Abhandlung, worin er zeigte, daß Sophokles ein Christ gewesen. Das ist keineswegs zu verwundern, aber merkwürdig, daß das ganze Christentum nicht einen Sophokles hervorgebracht.

Riemer, 29.1.1804

Es ist ganz einerlei, was für einen Begriff man mit dem Namen Gott verbindet, wenn man nur göttlich, das heißt gut handelt.

Jenny v. Pappenheim, Letzte Lebensjahre

Der Glaube an den einigen Gott wirkt immer geisterhebend, indem er den Menschen auf die Einheit seines eigenen Innern zurückweist.

Westöstlicher Divan

Der Mensch ist ein beschränktes Wesen, unsere Beschränkung zu überdenken, ist der Sonntag gewidmet.

Wilhelm Meisters Wanderjahre

Haltet am Glauben fest, und fest an dieser Gesinnung;
Denn sie macht im Glücke verständig und sicher, im Unglück
Reicht sie den schönsten Trost und belebt die herrlichste Hoffnung.

Hermann und Dorothea

Antike Tempel konzentrieren den Gott im Menschen; des Mittelalters Kirchen streben nach dem Gott in der Höhe.

Maximen und Reflexionen

Ich darf sagen, ich kam nie leer zurück, wenn ich unter Druck und Not Gott gesucht habe.

Wilhelm Meisters Lehrjahre

Offenbarung der Natur

Nie war Natur und ihr lebendiges Fließen
Auf Tag und Nacht und Stunden angewiesen.
Sie bildet regelnd jegliche Gestalt,
Und selbst im Großen ist es nicht Gewalt.

Faust II

„Ins Innere der Natur" –
O du Philister! –
„Dringt kein erschaffner Geist."
Mich und Geschwister
Mögt ihr an solches Wort
Nur nicht erinnern!
Wir denken: Ort für Ort
Sind wir im Innern.

Gott und Welt

Der liebe Gott könnte uns recht in Verlegenheit setzen, wenn er uns die Geheimnisse der Natur sämtlich offenbarte: wir wüßten vor Unteilnahme und Langeweile nicht, was wir anfangen sollten.

Riemer, Juni 1818

Geheimnisvoll am lichten Tag,
läßt sich Natur des Schleiers nicht berauben,
Und was sie deinem Geist nicht offenbaren mag,
Das zwingst du ihr nicht ab mit Hebeln und mit Schrauben.

Faust I

Kein Wesen kann zu nichts zerfallen!
Das Ewge regt sich fort in allen,
Am Sein erhalte dich beglückt!
Das Sein ist ewig: denn Gesetze
Bewahren die lebendgen Schätze,
Aus welchen sich das All geschmückt.

Gott und Welt

Warum ich zuletzt und am liebsten mit der Natur verkehre, ist, weil sie immer Recht hat und der Irrtum bloß auf meiner Seite sein kann. Verhandle ich hingegen mit Menschen, so irren sie, dann ich, auch sie wieder, und immer so fort, da kommt nichts aufs Reine; weiß ich mich aber in der Natur zu schicken, so ist alles getan.

Zur Geologie

Die Natur ist das einzige Buch, das auf allen Blättern großen Gehalt bietet.

Italienische Reise

Denn wozu dient all der Aufwand von Sonnen und Planeten und Monden, von Sternen und Milchstraßen, von Kometen und Nebelflecken, von gewordenen und werdenden Welten, wenn sich nicht zuletzt ein glücklicher Mensch unbewußt seines Daseins erfreut.

Schriften zur Kunst

Die ganze Natur ist eine Melodie, in der eine tiefe Harmonie verborgen ist.

Fragment eines Romans in Briefen

Die Natur bekümmert sich nicht um irgend einen Irrtum; sie selbst kann nicht anders als ewig recht handeln, unbekümmert, was daraus erfolgen möge.

Maximen und Reflexionen

Und wenn Natur dich unterweist,
Dann geht die Seelenkraft dir auf.

Faust I

Der Mensch gehört mit zur Natur, und er ist es, der die zärtesten Bezüge der sämtlichen elementaren Erscheinungen in sich aufzunehmen, zu regeln und zu modifizieren weiß.

An Zelter, 31.3.1831

Vom Vater hab ich die Statur,
Des Lebens ernstes Führen,
Von Mütterchen die Frohnatur
Und Lust zu fabulieren.
Urahnherr war der Schönsten hold,
Das spukt so hin und wieder;
Urahnfrau liebte Schmuck und Gold,
Das zuckt wohl durch die Glieder.
Sind nun die Elemente nicht
Aus dem Komplex zu trennen,
Was ist denn an dem ganzen Wicht
Original zu nennen?

Zahme Xenien

Aber die Natur versteht gar keinen Spaß, sie ist immer wahr, immer ernst; sie hat immer Recht und die Fehler und Irrtümer sind immer des Menschen. Den Unzulänglichen verschmäht sie, und nur dem Zulänglichen, Wahren und Reinen ergibt sie sich und offenbart ihm ihre Geheimnisse.

Eckermann, 13.2.1829

Ich behaupte vielmehr, daß die Natur sich immer reichlich, ja verschwenderisch erweise, und daß es weit mehr in ihrem Sinne sei, anzunehmen, sie habe, statt eines einzigen, armseligen Paares, die Menschen gleich zu Dutzenden, ja zu Hunderten hervorgehen lassen.

Eckermann, 7.10.1828

Wo faß ich dich, unendliche Natur?

Faust I

Es geht doch nichts über die Freude, die uns das Studium der Natur gewährt. Ihre Geheimnisse sind von einer unergründlichen Tiefe; aber es ist uns Menschen erlaubt und gegeben, immer weitere Blicke hineinzutun. Und gerade, daß sie am

Ende doch unergründlich bleibt, hat für uns einen ewigen Reiz, immer wieder zu ihr heranzugehen und immer wieder neue Einblicke und neue Entdeckungen zu versuchen.

Eckermann, 15.7.1831

Als die Natur sich in sich selbst gegründet,
Da hat sie rein den Erdball abgeründet,
Der Gipfel sich, der Schluchten sich erfreut
Und Fels an Fels und Berg an Berg gereiht,
Die Hügel dann bequem hinabgebildet,
Mit sanftem Zug sich in das Tal gemildet.
Da grünt's und wächst's und um sich zu erfreuen,
Bedarf sie nicht der tollen Strudeleien.

Faust II

Die Beschäftigung mit der Natur ist die unschuldigste.

Eckermann, 27.12.1826

Wie herrlich leuchtet
Mir die Natur!
Wie glänzt die Sonne!
Wie lacht die Flur!

Mailied

Statt der lebendigen Natur,
Da Gott die Menschen schuf hinein,
Umgibt in Rauch und Moder nur
Dich Tiergeripp' und Totenbein.

Faust I

Natur hat weder Kern
Noch Schale;
Da prüfe dich nur allermeist,
Ob du Kern oder Schale seist!

Gott und Welt

Die Nachahmung der Natur durch die Kunst ist um so glücklicher, je tiefer das Objekt in den Künstler eingedrungen und um je größer und tüchtiger seine Individualität ist.

F. v. Müller, 3.4.1824

Die Natur scheint um ihrer selbst willen zu wirken, der Künstler wirkt als Mensch, um des Menschen willen.

Schriften zur Kunst

Die Natur wirkt nach Gesetzen, die sie sich in Eintracht mit dem Schöpfer vorschrieb, die Kunst nach Regeln, über die sie sich mit dem Genie einverstanden hat.

Maximen und Reflexionen

Müsset im Naturbetrachten
Immer eins wie alles achten;
Nichts ist drinnen, nichts ist draußen:
Denn was innen, das ist außen.
So ergreifet ohne Säumnis
Heilig öffentlich Geheimnis.

Gott und Welt

Die Griechen, welche zu ihren Naturbetrachtungen, aus den Regionen der Poesie herüberkamen, erhielten sich dabei noch dichterische Eigenschaften. Sie schauten die Gegenstände tüchtig und lebendig und fühlten sich gedrungen, die Gegenwart lebendig auszusprechen.

Geschichte der Farbenlehre

Unsere Meinung ist: daß es dem Menschen wohl gezieme, ein Unerforschliches anzunehmen, daß er dagegen aber seinem Forschen keine Grenze zu setzen habe; denn wenn auch die Natur gegen den Menschen im Vorteil steht und ihm manches zu verheimlichen scheint, so steht er wieder gegen sie im Vorteil, daß er, wenn auch nicht durch sie durch, doch über sie hinaus denken kann.

Neptunismus und Plutonismus

Da ich mit der Naturwissenschaft, wie sie sich von Tag zu Tage vorwärts bewegt, immer mehr bekannt und verwandt werde, so dringt sich mir gar manche Betrachtung auf über die Vor- und Rückschritte, die zu gleicher Zeit geschehen: Eines nur sei hier ausgesprochen: daß wir sogar anerkannte Irrtümer aus der Wissenschaft nicht los werden. Die Ursache hiervon ist ein offenbares Geheimnis.

Maximen und Reflexionen

Ich weiß wohl, daß die Natur oft einen unerreichbaren Zauber entfaltet; allein ich bin keineswegs der Meinung, daß sie in allen ihren Äußerungen schön sei. Ihre Intentionen sind zwar immer gut, allein die Bedingungen sind es nicht, die dazu gehören, sie stets vollkommen in Erscheinung gelangen zu lassen.

Eckermann, 18.4.1827

So im Kleinen ewig wie im Großen
Wirkt Natur, wirkt Menschengeist, und beide
Sind ein Abglanz jenes Urlichts droben,
Das unsichtbar alle Welt erleuchtet.

Vorspiel zur Eröffnung des Weimarischen Theaters 1807

Wie weit und wie tief der Menschengeist in seine und der Welt Geheimnisse zu dringen vermöchte, werde nie bestimmt, noch abgeschlossen.

Maximen und Reflexionen

Der Mensch muß bei dem Glauben verharren, daß das Unbegreifliche begreiflich sei; er würde sonst nicht forschen.

Maximen und Reflexionen

Über die Würde der Kunst

Jedes Kunstwerk ist wie ein frisch ausgesprochenes Wort Gottes. Es atmet die Welt des Wahren und Schönen.

Wilhelm Meisters Wanderjahre

Die Kunst kann niemand fördern als der Meister. Gönner fördern den Künstler, das ist recht und gut; aber dadurch wird nicht immer die Kunst gefördert.

Maximen und Reflexionen

Ein echtes Kunstwerk bleibt, wie ein Naturwerk, für unseren Verstand immer unendlich; es wird angeschaut, empfunden; es wirkt, es kann aber nicht eigentlich erkannt, viel weniger sein Wesen, sein Verdienst mit Worten ausgesprochen werden.

Schriften zur Kunst

Selbst im Augenblick des höchsten Glücks und der höchsten Not bedürfen wir des Künstlers.

Wahlverwandtschaften

Wenn der Künstler nicht zugleich Handwerker ist, so ist er nichts, aber das Unglück! Unsere meisten Künstler sind nur Handwerker.

An J.G. Röderer, 21.9.1771

Wohlerfunden, klug ersonnen,
Schön gebildet, zart vollbracht,
So von jeher hat gewonnen
Künstler kunstreich seine Macht.

Künstlerlied

Gemüt hat jedermann, Naturell manche,
Kunstbegriffe sind selten.

Maximen und Reflexionen

Natürlicherweise hat das Publikum auf die Kunst großen Einfluß, indem es für seinen Beifall, für sein Geld ein Werk verlangt, das ihm gefalle, ein Werk, das unmittelbar zu genießen sei, und meistens wird sich der Künstler gern darnach bequemen, denn er ist ja auch ein Teil des Publikums, auch er ist in gleichen Jahren und Tagen gebildet, auch er fühlt die gleichen Bedürfnisse, er drängt sich in derselbigen Richtung, und so bewegt er sich glücklich mit der Menge fort, die ihn trägt und die er belebt.

Schriften zur Kunst

Das Charakteristische liegt zum Grunde, auf ihm ruhen Einfalt und Würde; das höchste Ziel der Kunst ist Schönheit und ihre letzte Wirkung Gefühl der Anmut.

Schriften zur Kunst

Die Künste sind das Salz der Erde; wie dieses zu den Speisen, so verhalten sich jene zu der Technik.

Maximen und Reflexionen

Natur und Kunst, sie scheinen sich zu fliehen
Und haben sich, eh man es denkt, gefunden;
Der Widerwille ist auch mir verschwunden,
Und beide scheinen gleich mich anzuziehen.

Es gibt wohl nur ein redliches Bemühen!
Und wenn wir erst in abgemeßnen Stunden
Mit Geist und Fleiß uns an die Kunst gebunden,
Mag frei Natur im Herzen wieder glühen.

Natur und Kunst

Weil jeder, der keine Anlage hat, das Beste zu leisten, sich der Kunst enthalten und sich vor jeder Vorführung dazu ernstlich in Acht nehmen sollte.

Wilhelm Meisters Lehrjahre

Jüngling, merke dir in Zeiten,
Wo sich Geist und Sinn erhöht,
Daß die Muse zu geleiten,
Doch zu leiten nicht versteht.

Zahme Xenien

In jedem Künstler liegt ein Keim von Verwegenheit, ohne den kein Talent denkbar ist, und dieser wird besonders rege, wenn man den Fähigen einschränken und zu einseitigen Zwecken dingen und brauchen will.

Maximen und Reflexionen

Die Meisterschaft gilt oft für Egoismus.

Maximen und Reflexionen

Sämtliche Künste lernt und treibt der Deutsche: zu jeder
Zeigt er ein schönes Talent, wenn er sie ernstlich ergreift.
Eine Kunst nur treibt er und will sie nicht lernen, die Dichtkunst.
Darum pfuscht er auch so: Freunde, wir haben's erlebt.

Venezianische Epigramme

Und wer der Dichtkunst Stimme nicht vernimmt,
Ist ein Barbar, er sei auch, wer er sei.

Tasso

Jede Dichtung, die nicht übertreibt, ist wahr, und alles, was einen dauernden, tiefen Eindruck macht, ist nicht übertrieben.

H. Laube, 1829

Ich behaupte immer, der Dichter dürfe nicht eher ans Werk gehen, als bis er einen unwiderstehlichen Drang zum Dichten fühle. Und diesen Grundsatz befolge ich auch, ihm verdanke ich mein heiteres Alter.

C. F. v. Conta, Mai 1820

Der Dichter wird als Mensch und Bürger sein Vaterland lieben, aber das Vaterland seiner poetischen Kräfte und seines poetischen Wirkens ist das Gute, Edle und Schöne, das an keine besondere Provinz und an kein besonderes Land gebunden ist und das er ergreift und bildet, wo er es findet. Er ist darin dem Adler gleich, der mit freiem Blick über Ländern schwebt und dem es gleichviel ist, ob der Hase, auf den er hinabschießt, in Preußen oder in Sachsen läuft.

Eckermann, Anfang März 1832

Wodurch bewegt er alle Herzen?
Wodurch besiegt er jedes Element?
Ist es der Einklang nicht, der aus dem Busen dringt
Und in sein Herz die Welt zurücke schlingt?

Faust, Vorspiel auf dem Theater

Willst du dich als Dichter beweisen,
So mußt du nicht Helden noch Hirten preisen.
Hier ist Rhodus! Tanze du Wicht,
Und der Gelegenheit schaff ein Gedicht!

Zahme Xenien

Neuere Poeten tun viel Wasser in die Tinte.

Maximen und Reflexionen

Alles Lyrische muß im ganzen sehr vernünftig,
im einzelnen ein bißchen unvernünftig sein.

Maximen und Reflexionen

Jung und Alt, Groß und Klein,
Gräßliches Gelichter!
Niemand will ein Schuster sein,
Jedermann ein Dichter.
Alle kommen sie gerennt,
Möchtens gerne treiben;
Doch wer keinen Leisten kennt,
Wird ein Pfuscher bleiben.

Auf den Kauf

Eigentlich sollte man mit uns Poeten verfahren wie die Herzoge von Sachsen mit Luthern, uns auf der Straße wegnehmen und auf ein Bergschloß sperren.

An Schiller, 21.7.1798

Das günstige Zusammentreffen unserer beider Naturen, hat uns schon manchen Vorteil verschafft, und ich hoffe, dieses Verhältnis wird immer gleich fortwirken. Wenn ich Ihnen zum Repräsentanten mancher Objekte diente, so haben Sie mich von der allzustrengen Beobachtung der äußeren Dinge und ihrer Verhältnisse auf mich selbst zurückgeführt. Sie haben mich die Vielseitigkeit des inneren Menschen mit mehr Billigkeit anzuschauen gelehrt, Sie haben mir eine zweite Jugend verschafft und mich wieder zum Dichter gemacht, welcher zu sein ich so gut als aufgehört hatte.

An Schiller, 6.1.1798

Dagegen hat Schiller, der, unter uns, weit mehr ein Aristokrat war als ich, der aber weit mehr bedachte, was er sagte, als ich, das merkwürdige Glück, als besonderer Freund des Volkes zu gelten.

Eckermann, 4.1.1824

Schillern war eben diese echte Christus-Tendenz eingeboren, er berührte nichts Gemeines, ohne es zu veredeln.

An Zelter, 9.11.1830

... Indessen schritt sein Geist gewaltig fort
ins Ewige des Wahren, Guten, Schönen,
Und hinter ihm, in wellenlosem Scheine,
Lag, was uns alle bändigt, das Gemeine.

Epilog zu Schillers Glocke

Wir bewundern die Tragödien der alten Griechen; allein, recht besehen, sollten wir mehr die Zeit und die Nation bewundern, in der sie möglich waren, als die einzelnen Verfasser.

Eckermann, 3.5.1827

Jeder Schriftsteller schildert sich einigermaßen in seinen Werken, auch wider Willen, selbst.

Schriften zur Literatur

Wie ein Schriftsteller sich ankündigt, fährt er meistenteils fort, und bei mittleren Talenten sind oft im ersten Werk alle die übrigen enthalten.

Rameaus Neffe

Die femmes auteur (und wohl überhaupt) fassen die Männer nur unter der Form des Liebhabers auf und stellen sie dar; daher alle Helden in weiblichen Schriften die Gartenmannsfigur machen.

Riemer, 13.8.1807

Die Malerei ist für das Auge wahrer als die Wirklichkeit selbst. Sie stellt auf, was der Mensch sehen möchte und sollte, nicht was er gewöhnlich sieht.

Vorstudien zur Farbenlehre

Viele junge Maler würden nie einen Pinsel in die Hand genommen haben, wenn sie früh genug gewußt und begriffen hätten, was denn eigentlich ein Meister wie Raffael gemacht hat.

Eckermann, 20.4.1825

Gemüts- und Tatkraft stehen bei ihm (Raffael) in so entschiedenem Gleichgewicht, daß man wohl behaupten darf, kein neuerer Künstler habe so rein und vollkommen gedacht als er und sich so klar ausgesprochen. Hier haben wir also wieder ein Talent, das uns aus der ersten Quelle das frischeste Wasser entgegensendet.

Schriften zur Kunst

Wenn ich jüngere deutsche Maler, sogar solche, die sich eine Zeitlang in Italien aufgehalten, befrage, warum sie doch, besonders in ihren Landschaften, so widerwärtige grelle Töne dem Auge darstellen und vor aller Harmonie zu fliehen scheinen, so geben sie wohl ganz dreist und getrost zur Antwort, sie sähen die Natur genau auf solche Weise.

Maximen und Reflexionen

Am farbigen Abglanz haben wir das Leben.

Faust II

Seh ich die Werke der Meister an,
So seh ich das, was sie getan;
Betracht ich meine Siebensachen,
Seh ich, was ich hätt sollen machen.

Epigrammatisch

Die Würde der Kunst erscheint bei der Musik vielleicht am eminentesten, weil sie keinen Stoff hat, der abgerechnet werden müßte. Sie ist ganz Form und Gehalt und erhöht und veredelt alles, was sie ausdrückt.

Maximen und Reflexionen

Musik im besten Sinne bedarf weniger der Neuheit, ja vielmehr, je älter sie ist, je gewohnter man sie ist, desto mehr wirkt sie.

Maximen und Reflexionen

Etwas Musik wäre sehr wünschenswert, es ist das unschuldigste und angenehmste Bindungsmittel der Gesellschaft.

An Christiane v. Goethe, 12.9.1815

Aber freilich, eine Erscheinung wie Mozart bleibt immer ein Wunder, das nicht weiter zu erklären ist.

Eckermann, 14.2.1831

Wer Musik nicht liebt, verdient nicht, ein Mensch genannt zu werden; wer sie nur liebt, ist erst ein halber Mensch; wer sie aber treibt, ist ein ganzer Mensch.

Pleyer, August 1822

Wäre die Sprache nicht unstreitig das Höchste, was wir haben, so würde ich Musik noch höher als Sprache und als ganz zuoberst setzen.

Schriften zur Natur- und Wissenschaftslehre

Plastik wirkt eigentlich nur auf ihrer höchsten Stufe; alles Mittlere kann wohl aus mehr denn einer Ursache imponieren, aber alle mittleren Kunstwerke dieser Art machen mehr irre, als daß sie erfreuen.

Maximen und Reflexionen

Der Hauptzweck aller Plastik, welches Wortes wir uns künftighin zu Ehren der Griechen bedienen, ist, daß die Würde des Menschen innerhalb der menschlichen Gestalt dargestellt werde.

Schriften zur Kunst

Nein, bei den Griechen ist alles aus einem Stücke und alles im großen Stil. Derselbe Marmor, dasselbe Erz ist es, das einen Zeus wie einen Faun möglich macht, und immer der gleiche Geist, der allem die gebührende Würde verleiht.

Schriften zur Literatur

Ein edler Philosoph sprach von der Baukunst als einer erstarrten Musik und mußte dagegen manches Kopfschütteln gewahr werden. Wir glauben diesen schönen Gedanken nicht besser nochmals einzuführen, als wenn wir die Architektur eine verstummte Tonkunst nennen.

Maximen und Reflexionen

Was ich über jene Baukunst gedacht und gewähnt hatte, schrieb ich zusammen. Das erste, worauf ich drang, war, daß man sie deutsch und nicht gotisch nennen, nicht für ausländisch sondern für vaterländisch halten solle; das zweite, daß man sie nicht mit der Baukunst der Griechen und Römer vergleichen dürfe, weil sie aus einem ganz anderen Prinzip entsprungen sei. Wenn jene, unter einem glücklicheren Himmel, ihr Dach auf Säulen ruhen ließen, so entstand ja schon an und für sich eine durchbrochene Wand. Wir aber, die wir uns durchaus gegen die Witterung schützen und mit Mauern überall umgeben müssen, haben den Genius zu verehren, der Mittel fand, massiven Wänden Mannigfaltigkeit zu geben, sie dem Scheine nach zu durchbrechen und das Auge würdig und erfreulich auf der großen Fläche zu beschäftigen. Dasselbe galt von den Türmen, welche nicht, wie die Kuppeln, nach innen einen Himmel bilden, sondern außen gen Himmel streben und das Dasein des Heiligtums, das sich an ihre Base gelagert, weit umher den Ländern verkünden sollte.

Dichtung und Wahrheit

Denn das ist der Kunst Bestreben,
Jeden aus sich selbst zu heben,
Ihn dem Boden zu entführen;
Link und Recht muß er verlieren
Ohne zauderndes Entsagen;
Aufwärts fühlt er sich getragen!
Und in diesen höhern Sphären,
kann das Ohr viel feiner hören,
Kann das Auge weiter tragen,
Können Herzen freier schlagen.

Prolog zur Eröffnung des Berliner Theaters, Mai 1821

Aber zu höheren, ja zu den höchsten Kunstbetrachtungen wurden wir aufgefordert, indem die Bau- und Bildwerke Griechenlands lebhafter zur Sprache kamen.

Tag- und Jahreshefte, 1820

Die Klarheit der Ansicht, die Heiterkeit der Aufnahme, die Leichtigkeit der Mitteilung, das ist es, was uns entzückt; und wenn wir nun behaupten, dieses alles finden wir in den echt griechischen Werken, und zwar geleistet am edelsten Stoff, am würdigsten Gehalt, mit sicherer und vollendeter Ausführung, so wird man uns verstehen, wenn wir immer von dort ausgehen und immer dort hinweisen.

Schriften zur Kunst

Jeder sei auf seine Art ein Grieche! Aber er sei's.

Schriften zur Kunst

Unter allen Völkerschaften haben die Griechen den Traum des Lebens am schönsten geträumt.

Maximen und Reflexionen

Und an dem Ufer steh ich lange Tage,
Das Land der Griechen mit der Seele suchend.

Iphigenie

Politische Weisheiten

Ein garstig Lied! Pfui! ein politisch Lied
Ein leidig Lied!

Faust I

Die Menschen werfen sich im Politischen wie auf dem Krankenlager von einer Seite zur andern, in der Meinung, besser zu liegen.

F. v. Müller, 29.12.1825

Ich weiß wohl, daß Politik selten Treu und Glauben halten kann, daß sie Offenheit, Gutherzigkeit, Nachgiebigkeit aus unsern Herzen ausschließt; in weltlichen Geschäften ist das leider nur zu wahr.

Egmont

Mir ist von Jugend auf Anarchie verdrießlicher gewesen als der Tod selbst.

Italienische Reise

Wenn zwei Parteien in einem Reiche entstehen und sich unwiderruflich von einander trennen, wird sich die schwächere von dem Mittelpunkte entfernen und der Grenze zu nähern suchen.

Am Rhein, Main und Neckar

Auch auf Parteien, wie sie heißen,
Ist heutzutage kein Verlaß;
Sie mögen schelten oder preisen,
Gleichgültig wurden Lieb und Haß.

Faust II

Die Toren, die nicht sehen, daß es eigentlich auf den Platz gar nicht ankommt und daß der, der den ersten hat, so selten die erste Rolle spielt! Wie mancher König wird durch seinen

Minister, wie mancher Minister durch seinen Sekretär regiert! Und wer ist denn der erste? Der, dünkt mich, der die anderen übersieht und soviel Gewalt oder List hat, ihre Kräfte und Leidenschaften zur Ausführung seiner Pläne anzuspannen.

Die Leiden des jungen Werthers

Wer ist das würdigste Glied des Staats? Ein wackerer Bürger;
Unter jeglicher Form bleibt er der edelste Stoff.

Vier Jahreszeiten

Das größte Bedürfnis eines Staats ist das einer mutigen Obrigkeit.

Wilhelm Meisters Wanderjahre

Republiken hab ich gesehen, und das ist die beste,
Die dem regierenden Teil Lasten, nicht Vorteil gewährt.

Vier Jahreszeiten

Welche Regierung die beste sei? Diejenige, die uns lehrt, uns selbst zu regieren.

Maximen und Reflexionen

Und ebenso natürlich ist's, daß der Bürger von dem regiert sein will, der mit ihm geboren und erzogen ist, der gleichen Begriff mit ihm von Recht und Unrecht gefaßt hat, den er als seinen Bruder ansehn kann.

Egmont

Alle Regierungsformen werden mit der Zeit unzulänglich.

Riemer, 20.2.1828

Und wenn man auch den Tyrannen ersticht,
Ist immer noch viel zu verlieren.
Sie gönnten Cäsarn das Reich nicht
Und wußtens nicht zu regieren.

Zahme Xenien

Wo die Regenten schlecht sind, kommt schwerlich eine Nation in die Höhe, es mag auch soviel Tugendprediger geben als möglich; das Beste sind doch immer erhabene Beispiele.

Knebel, Mitte März 1810

Hat einer nur so viel Freiheit, um gesund zu leben und sein Gewerbe zu treiben, so hat er genug, und soviel hat leicht ein jeder. Und dann sind wir alle nur frei unter gewissen Bedingungen, die wir erfüllen müssen.

Eckermann, 18.1.1827

Und je freier man ist, desto freier will man sein. Man will nichts über sich dulden: wir wollen nicht beengt sein, niemand soll beengt sein, und dies zarte, ja kranke Gefühl erscheint in schönen Seelen unter der Form der Gerechtigkeit.

Dichtung und Wahrheit

Feiger Gedanken
Bängliches Schwanken,
Weibisches Zagen,
Ängstliches Klagen,
Wendet kein Elend,
Macht dich nicht frei.

Lila

Wo keine Freiheit ist, wird jede Lust getötet.

Laune des Verliebten

Es ist besser, es geschehe dir Unrecht, als die Welt sei ohne Gesetz. Deshalb füge sich jeder dem Gesetze.

Maximen und Reflexionen

Alle Gesetze sind von Alten und Männern gemacht. Junge und Weiber wollen die Ausnahme, Alte die Regel.

Maximen und Reflexionen

Nein, er gefällt mir nicht, der neue Burgemeister!
Nun, da er's ist, wird er nur täglich dreister,
Und für die Stadt, was tut denn er?
Wird es nicht alle Tage schlimmer?
Gehorchen soll man mehr als immer
Und zahlen mehr als je vorher.

Faust I

Wer sich den Gesetzen nicht fügen lernt,
muß die Gegend verlassen, wo sie gelten.

Wilhelm Meisters Wanderjahre

In deinem Land sei einheimisch klug,
Im fremden bist du nicht gewandt genug.

Faust II

Alles Große und Gescheite existiert in der Minorität. Es hat Minister gegeben, die Volk und König gegen sich hatten, und die ihre großen Pläne einsam durchführten. Es ist nie daran zu denken, daß die Vernunft populär werde. Leidenschaften und Gefühle mögen populär werden, aber die Vernunft wird immer nur im Besitz einzelner Vorzüglicher sein.

Eckermann, 12.2.1829

Welch Unheil muß auch ich erfahren!
Wir wolle alle Tage sparen
Und brauchen alle Tage mehr.

Faust II

Dadurch sind unsre Mängel nicht erledigt,
Was willst du jetzt mit deiner Fastenpredigt?
Ich habe satt das ewige Wie und Wenn;
Es fehlt an Geld, nun gut, so schaff es denn.

Faust II

Und wiederum ist für eine Nation nur das gut, was aus ihrem eigenen Kern und ihrem eigenen allgemeinen Bedürfnis hervorgegangen, ohne Nachäffung einer anderen. Denn was dem einen Volk auf einer gewissen Altersstufe eine wohltätige Nahrung sein kann, erweist sich vielleicht für ein anderes als Gift. Alle Versuche, irgendeine ausländische Neuerung einzuführen, wozu das Bedürfnis nicht im tiefen Kern der eigenen Nation wurzelt, sind daher töricht, und alle beabsichtigten Revolutionen solcher Art ohne Erfolg; denn sie sind ohne Gott, der sich von solchen Pfuschereien zurückhält.

Eckermann, 4.3.1824

Es ist ein Vorteil, einem großen Staate anzugehören.

W. Schnitter, 18.4.1829

Was ist bleibend auf dieser Welt? Und sollte eine Staatseinrichtung bleiben können? Muß nicht in einer Zeitfolge sich jedes Verhältnis verändern und eben darum eine alte Verfassung die Ursache von tausend Übeln werden, weil sie den gegenwärtigen Zustand des Volkes nicht umfaßt?

Egmont

Des tätgen Manns Behagen sei Parteilichkeit.

Pandora

Aufrichtig zu sein, kann ich versprechen, unparteiisch zu sein aber nicht.

Maximen und Reflexionen

Es entsteht ein eigenes allgemeines Behagen, wenn man einer Nation ihre Geschichte auf eine geistreiche Weise wieder zur Erinnerung bringt; sie erfreut sich der Tugenden ihrer Vorfahren und belächelt die Mängel derselben, welche sie längst überwunden zu haben glaubt.

Dichtung und Wahrheit

Schon wieder Krieg! Der Kluge hört's nicht gern.

Faust II

Bei keiner Revolution sind die Extreme zu vermeiden. Bei der politischen will man anfänglich gewöhnlich nichts weiter als die Abstellung von allerlei Mißbräuchen; aber ehe man es sich versieht, steckt man tief in Blutvergießen und Greueln.

Eckermann, 14.3.1830

Wer's Recht hat und Geduld, für den kommt auch die Zeit.

Faust II

Es ist nicht zu leugnen, daß der Geist sich durch die Reformation zu befreien suchte; die Aufklärung über griechisches und römisches Altertum brachte den Wunsch, die Sehnsucht nach einem freieren, anständigeren und geschmackvolleren Leben hervor.

Maximen und Reflexionen

Über die Deutschen und ihre Nachbarn

Die Deutschen sind übrigens wunderliche Leute! Sie machen sich durch ihre tiefen Gedanken und Ideen, die sie überall suchen und überall hineinlegen, das Leben schwerer als billig.

Eckermann, 6.5.1827

Wir Deutsche stehen sehr hoch und haben gar nicht Ursache, uns vom Wind hin und her treiben zu lassen.

An Zelter, 7.11.1816

Der Deutsche läuft keine größere Gefahr, als sich mit und an seinen Nachbarn zu steigern. Es ist vielleicht keine Nation geeigneter, sich aus sich selbst zu entwickeln; deswegen es ihr zum größten Vorteil gereichte, daß die Außenwelt von ihr so spät Notiz nahm.

Maximen und Reflexionen

Es liegt in der deutschen Natur, alles Ausländische in seiner Art zu würdigen und sich fremder Eigentümlichkeit zu bequemen.

Eckermann, 10.1.1825

Nichts ist seltener, als einen hervorragenden Deutschen in seinem Lande zu sehen; alle gehen fort, um sich im Auslande auszuzeichnen, die Mittelmäßigen bleiben bei uns zurück, vom Schuster bis zum Philosophen.

Soret, 14.2.1830

... es ist der Charakter der Deutschen, daß sie über allem schwer werden, daß alles über ihnen schwer wird.

Wilhelm Meisters Lehrjahre

Den Deutschen ist im ganzen die philosophische Spekulation hinderlich, die in ihren Stil oft ein unsinnliches, unfaßbares, breites und aufdröselndes Wesen hineinbringt. Je näher sie sich gewissen philosophischen Schulen hingeben, desto schlechter schreiben sie. Diejenigen Deutschen aber, die ... bloß aufs Praktische gehen, schreiben am besten. So ist Schillers Stil am prächtigsten und wirksamsten, sobald er nicht philosophiert, wie ich noch heute an seinen höchst bedeutenden Briefen gesehen, mit denen ich mich gerade beschäftige.

Eckermann, 14.4.1824

Freunde, treibet nur alles mit Ernst und Liebe; die beiden Stehen dem Deutschen so schön, den ach! so vieles entstellt.

Vier Jahreszeiten

Denn es ist einmal die Bestimmung des Deutschen, sich zum Repräsentanten der sämtlichen Weltbürger zu erheben.

An J. L. Büchler, 14.6.1820

An Tiefe sowie an Fleiß hat es dem Deutschen nie gefehlt. Nähert er sich anderen Nationen an Bequemlichkeit der Behandlung und übertrifft sie an Aufrichtigkeit und Gerechtigkeit, so wird man ihm früher oder später die erste Stelle in Wissenschaft und Kunst nicht streitig machen.

Geschichte der Farbenlehre

Wodurch ist Deutschland groß, als durch eine bewundernswürdige Volkskultur, die alle Teile des Reichs gleichmäßig durchdrungen hat. Sind es aber nicht die einzelnen Fürstensitze, von denen sie ausgeht und welche ihre Träger und Pfleger sind? – Gesetzt, wir hätten in Deutschland seit Jahrhunderten nur die beiden Residenzstädte Wien und Berlin, oder gar nur eine, da möchte ich doch sehen, wie es um die deutsche Kultur stände? ja auch um einen überall verbreiteten Wohlstand, der mit der Kultur Hand in Hand geht!

Eckermann, 23.10.1828

Man muß nur in die Fremde gehen, um das Gute kennenzulernen, was man zu Hause besitzt.

An F. Kirms, 24.8.1797

Mir ist nicht bange, daß Deutschland nicht eins werde; unsere guten Chausseen und künftigen Eisenbahnen werden schon das ihrige tun. Vor allem aber sei es eins in Liebe untereinander! Und immer sei es eins gegen den auswärtigen Feind. Es sei eins, daß der deutsche Taler und Groschen im ganzen Reiche gleichen Wert habe; eins, daß mein Reisekoffer durch alle sechsunddreißig Staaten ungeöffnet passieren könne. Es sei eins, daß der städtische Reisepaß eines weimarischen Bürgers von dem Grenzbeamten eines großen Nachbarstaates nicht für unzulänglich gehalten werde, als der Paß eines Ausländers. Es sei von Inland und Ausland unter deutschen Staaten überhaupt keine Rede mehr, Deutschland sei ferner eins in Maß und Gewicht, in Handel und Wandel und hundert ähnlichen Dingen.

Eckermann, 23.10.1828

Der Deutsche hat Freiheit der Gesinnung, und daher merkt er nicht, wenn es ihm an Geschmacks- und Geistesfreiheit fehlt.

Maximen und Reflexionen

Die deutsche Sprache ist auf einen so hohen Grad der Ausbildung gelangt, daß einem jeden in die Hand gegeben ist, sowohl in Prosa als in Rhythmen und Reimen sich dem Gegenstande wie der Empfindung gemäß nach seinem Vermögen glücklich auszudrücken.

Schriften zur Literatur

Glauben Sie ja nicht, daß ich gleichgültig wäre gegen die großen Ideen Freiheit, Volk, Vaterland. Nein; diese Ideen sind in uns; sie sind ein Teil unseres Wesens, und niemand vermag sie von sich zu werfen.

Luden, 13.12.1813

Tendenz der Deutschen zu einer Art von Humanitätskultur.

Tagebuch, 18.5.1810

Deutsche gehen nicht zugrunde, wie die Juden, weil es lauter Individuen sind.

Tagebuch, 15.3.1808

Der Deutsche sitzt verständig zu Gericht.

Drei Gedichte über den Faust

Deutschland ist und bleibt auf ewig das wahre Vaterland meines Geistes und Herzens.

Luden, 13.12.1813

Ich selbst habe nur mein Deutschland vor Augen gehabt, und es ist erst seit gestern oder ehegestern, daß es mir einfällt, meine Blicke westwärts zu wenden, um auch zu sehen, wie meine Nachbarn jenseits des Rheins von mir denken. Aber auch jetzt haben sie auf meine Produktionen keinen Einfluß.

Eckermann

Könnte man nur den Deutschen, nach dem Vorbilde der Engländer, weniger Philosophie und mehr Tatkraft, weniger Theorie und mehr Praxis beibringen, so würde uns schon ein gutes Stück Erlösung zuteil werden.

Eckermann, 12.3.1828

Während die Deutschen sich mit Auflösung philosophischer Probleme quälen, lachen uns die Engländer mit ihrem großen praktischen Verstande aus und gewinnen die Welt.

Eckermann, 1.9.1829

Ringe Deutscher, nach römischer Kraft, nach griechischer Schönheit,
Beides gelang dir, doch nie glückte der gallische Sprung.

Tabulae votivae

Aber freilich, wenn wir Deutschen nicht aus dem engen Kreise unserer eigenen Umgebung hinausblicken, so kommen wir gar zu leicht in diesen pedantischen Dünkel. Ich sehe mich daher gern bei fremden Nationen um und rate jedem, es auch seinerseits zu tun.

Eckermann, 31.1.1827

Wollte Gott, es gäbe keine unruhigen Köpfe in ganz Deutschland, wir würden deswegen noch zu tun genug finden.

Götz von Berlichingen

Ich bringe viel zurück, auch gewiß viel Vaterlandsliebe und Freude am Leben mit wenigen Freunden.

Italienische Reise

Mir lag daran, Goethes Meinung über die Juden zu erfahren. Was ich aber auch vorbringen mochte, er blieb in Betrachtung der alten Inschriften (in der Synagoge von Eger) vertieft und äußerte sich nicht mit Bestimmtheit in betreff der Juden.

J. S. Grüner, 30.8.1821

Wer keine Liebe fühlt, muß schmeicheln lernen, sonst kommt er nicht aus, bemerkte Goethe, als vom Charakter der Juden die Rede war.

Riemer, Juli 1811

Der Franzose ist ein geselliger Mensch, er lebt und wirkt, er steht und fällt in Gesellschaft.

Schriften zur Kunst

Die Franzosen haben Verstand und Geist, aber kein Fundament und keine Pietät. Was ihnen im Augenblick dient, was ihrer Partei zugute kommen kann, ist ihnen das Rechte. Sie loben uns daher auch nie aus Anerkennung unserer Verdienste, sondern nur, wenn sie durch unsere Ansichten ihre Partei verstärken können.

Eckermann, 24.11.1824

Die Franzosen bekommen doch kein achtzehntes Jahrhundert wieder, sie mögen machen, was sie wollen.

F. v. Müller, 24.4.1830

Die Franzosen scheinen, bei all ihrer Lebhaftigkeit, mehr als andere Nationen an hergebrachten Formen zu hängen und selbst in ihren Vergnügungen eine gewisse Eintönigkeit nicht gewahr werden.

Rameaus Neffe

Ein echter deutscher Mann mag keinen Franzen leiden,
Doch ihre Weine trinkt er gern.

Faust I

Mir ist für die Franzosen in keiner Hinsicht bange,
sie stehen auf einer solchen Höhe welthistorischer Ansicht,
daß der Geist auf keine Weise mehr zu unterdrücken ist.

Eckermann, 9.7.1827

Die Franzosen hätten ja schon längst die Welt überwunden, es brauchte keinen Bonaparte. Die Sprache, Kolonien von Refugiés, Emigrierte, Kammerdiener, Köche, Kaufleute und so weiter, alles dies hinge an ihrer Nation, und wir wären verkauft und verraten.

Charlotte von Stein, 11.10.1806

Dem französischen Stolz kann man beikommen, weil er mit Eitelkeit verbrüdert ist, dem englischen Hochmut aber nicht, weil er, kaufmännisch, auf der Würde des Goldes ruht.

An Knebel, 9.3.1814

Der Engländer ist Meister, das Entdeckte gleich zu nutzen, bis es wieder zu neuer Entdeckung und frischer Tat führt. Man frage nun, warum sie uns überall voraus sind.

Maximen und Reflexionen

Die Engländer sind vielleicht vor vielen Nationen geeignet, Auswärtigen zu imponieren. Ihre persönliche Ruhe, Sicherheit, Tätigkeit, Eigensinn und Wohlhäbigkeit geben beinahe ein unerreichbares Musterbild von dem, was alle Menschen sich wünschen.

Geschichte der Farbenlehre

Sind Briten hier? Sie reisen sonst so viel,
Schlachtfeldern nachzuspüren, Wasserfällen,
Gestürzten Mauern, klassisch dumpfen Stellen;
Das wäre hier für sie ein würdig Ziel.

Faust II

Es ist ein eigenes Ding, erwiderte Goethe, – liegt es in der Abstammung, liegt es im Boden, liegt es in der freien Verfassung, liegt es in der gesunden Erziehung – genug! Die Engländer überhaupt scheinen vor vielen anderen etwas voraus zu haben. (...) Und so jung und siebzehnjährig sie hier auch ankommen, so fühlen sie sich doch in dieser deutschen Fremde keineswegs fremd und verlegen; vielmehr ist ihr Auftreten und Benehmen in der Gesellschaft so voller Zuversicht und so bequem, als wären sie überall die Herren und als gehöre die Welt überall ihnen.

Eckermann, 12.3.1828

Man wirft den Engländern vor, daß sie ihren Teekessel überall mitführen und sogar bis auf den Ätna hinaufschleppen; aber hat nicht jede Nation ihren Teekessel, worin sie, selbst auf Reisen, ihre von Hause mitgebrachten getrockneten Kräuterbündel aufbraut?

Schriften zur Kunst

Der Italiener hat überhaupt ein tieferes Gefühl für die hohe Würde der Kunst als andere Nationen; jeder, der nur irgend etwas treibt, will Künstler, Meister und Professor heißen.

Wilhelm Meisters Lehrjahre

Ich finde im italienischen Volk die lebhafteste und geistreichste Industrie, nicht um reich zu werden, sondern um sorgenfrei zu leben.

Italienische Reise

Man muß ein Holländer sein, um mit einer Tulpe zu sympathisieren, und dann ist auch die Sympathie dieser Wassermänner sehr phlegmatisch.

Fragment eines Romans in Briefen

Mir ist's wohl, daß ich ein Land kenne, wie die Schweiz ist, nun geh mir's, wie's wolle, hab ich doch immer da einen Zufluchtsort.

An Sophie v. La Roche, 27.7.1775

Amerika, du hast es besser
Als unser Kontinent, der alte,
Hast keine verfallenen Schlösser
Und keine Basalte.
Dich stört nicht im Innern,
Zu lebendiger Zeit,
Unnützes Erinnern
Und vergeblicher Streit.

Zahme Xenien

Vom Lehren und Erziehen

Wer andere lehren will, kann wohl oft das Beste verschweigen, was er weiß, aber er darf nicht halbwissend sein.

Wilhelm Meisters Wanderjahre

Es ist nichts schrecklicher als ein Lehrer, der nicht mehr weiß, als die Schüler allenfalls wissen sollen.

Wilhelm Meisters Wanderjahre

Überall lernt man nur von dem, den man liebt.

Eckermann, 12.5.1825

Die Erziehung ist nichts als die Kunst, zu lehren, wie man über eingebildete oder doch leicht besiegbare Schwierigkeiten hinauskommt.

F. v. Müller, 24.4.1829

Erziehung heißt, die Jugend an die Bedingungen gewöhnen, zu den Bedingungen bilden, unter denen man in der Welt überhaupt, sodann aber in besonderen Kreisen existieren kann.

Schriften zur Literatur

Ein Grundübel bei uns ist es, daß auf die erste Erziehung zu wenig gewandt wird. In dieser aber liegt größtenteils der ganze Charakter, das ganze Sein des künftigen Menschen.

Knebel, 15.5.1810

Jede Art von Tätigkeit möchte das Kind ergreifen, weil alles leicht aussieht, was vortrefflich ausgeübt wird.

Wilhelm Meisters Wanderjahre

Seht, liebe Kinder, was wäre ich denn, wenn ich nicht immer mit klugen Leuten umgegangen wäre und von ihnen gelernt hätte? Nicht aus Büchern, sondern durch lebendigen Ideenaustausch, durch heitere Geselligkeit müßt ihr lernen.

Julie v. Egloffstein, 6.3.1818

Fähigkeiten werden vorausgesetzt, sie sollen zu Fertigkeiten werden. Dies ist der Zweck aller Erziehung.

Wahlverwandtschaften

Ich bitt' Euch, nehmt Euch meiner an!
Ich komme mit allem guten Mut,
Leidlichem Geld und frischem Blut;
Meine Mutter wollte mich kaum entfernen;
Möchte gern was Rechts hieraußen lernen.

Faust I

Nur unsere zweideutige, zerstreute Erziehung macht die Menschen ungewiß; sie erregt Wünsche statt Triebe zu beleben, und anstatt den wirklichen Anlagen aufzuhelfen, richtet sie das Streben nach Gegenständen, die so oft mit der Natur, die sich nach ihnen bemüht, nicht übereinstimmen.

Wilhelm Meisters Lehrjahre

Welche Erziehungsart ist für die beste zu halten? Antwort: die der Hydrioten. Als Insulaner und Seefahrer nehmen sie ihre Knaben gleich mit zu Schiffe und lassen sie im Dienste herankrabbeln.

Maximen und Reflexionen

Jede Anlage ist wichtig und sie muß entwickelt werden. Wenn einer nur das Schöne, der andere nur das Nützliche befördert, so machen beide zusammen erst einen Menschen aus. Das Nützliche befördert sich selbst, denn die Menge bringt es hervor, und alle können's nicht entbehren; das Schöne muß befördert werden, denn wenige stellen's dar und viele bedürfen's.

Wilhelm Meisters Wanderjahre

Es bildet ein Talent sich in der Stille,
Sich ein Charakter in dem Strom der Welt.

Tasso

Es ist nichts Tröstlicheres in älteren Jahren, als aufkeimende Talente zu sehen, die eine weite Lebensstrecke mit bedeutenden Schritten auszufüllen versprechen.

An A. Mendelsohn, 5.10.1821

Wenn Ulyß von dem ungemeßnen Meer und von der unendlichen Erde spricht, das ist so wahr, menschlich, innig, eng und geheimnisvoll. Was hilft mir's, daß ich jetzt mit jedem Schulknaben nachsagen kann, daß sie rund sei! Der Mensch braucht nur wenige Erdschollen, um darauf zu genießen, weniger, um darunter zu ruhen.

Die Leiden des jungen Werthers

Alles Große bildet, sobald wir es gewahr werden.

Eckermann, 16.12.1828

Bei uns ist der Gesang die erste Stufe der Bildung, alles andere schließt sich daran und wird dadurch vermittelt. Der einfachste Genuß, so wie die einfachste Lehre werden bei uns durch Gesang belebt und eingeprägt, ja selbst was wir überliefern von Glaubens- und Sittenbekenntnis, wird auf dem Wege des Gesanges mitgeteilt.

Wilhelm Meisters Wanderjahre

Wir haben zwar zur Not hier und da Schulen, auch Gymnasien und endlich die hochberühmten Universitäten, nichts aber zur wirklichen Bildung des Menschen und des Charakters. Daher sind die meisten auch so charakterlos unter uns.

Knebel, Mai 1810

Wer nie sein Brot mit Tränen aß,
Wer nie die kummervollen Nächte

Auf seinem Bette weinend saß,
Der kennt euch nicht, ihr himmlischen Mächte.

Harfenspieler

... daß jeder, der von Jugend an seine Bildung den Griechen und Römern verdankt, nie ein gewisses antikes Herkommen verleugnen, vielmehr jederzeit dankbar anerkennen wird, was er abgeschiedenen Lehrern schuldig ist.

Schriften zur Literatur

Möge das Studium der griechischen und römischen Literatur immerfort die Basis der höheren Bildung bleiben.

Maximen und Reflexionen

Jeder Edle Venedigs kann Doge werden; das macht ihn
Gleich als Knaben so fein, eigen, bedächtig und stolz.

Venezianische Epigramme

Ihrer sechzig hat die Stunde,
Über tausend hat der Tag.
Söhnchen! werde dir die Kunde,
Was man alles leisten mag.

In das Stammbuch Walters v. Goethe

Narrenpossen, sagte er, sind eure allgemeine Bildung und alle Anstalten dazu. Daß ein Mensch etwas ganz entschieden verstehe, vorzüglich leiste, wie nicht leicht ein anderer in der nächsten Umgebung, darauf kommt es an.

Wilhelm Meisters Wanderjahre

Wenn nun unser Schulunterricht immer auf das Altertum hinweist, das Studium der griechischen und lateinischen Sprache fördert, so können wir uns Glück wünschen, daß diese zu einer höheren Kultur so nötigen Studien niemals rückgängig werden.

Maximen und Reflexionen

Wie kann man sich selbst kennenlernen? Durch Betrachten niemals, wohl aber durch Handeln. Versuche, Deine Pflicht zu tun, und du weißt gleich, was an dir ist. Was aber ist deine Pflicht? Die Forderung des Tages.

Maximen und Reflexionen

Doch vorerst dieses halbe Jahr
Nehmt ja der besten Ordnung wahr!
Fünf Stunden habt Ihr jeden Tag;
Seid drinnen mit dem Glockenschlag!
Habt Euch vorher wohl präpariert,
Paragraphos wohl einstudiert,
Damit Ihr nachher besser seht,
Daß er nichts sagt, als was im Buche steht;
Doch Euch des Schreibens ja befleißt,
Als diktiert' Euch der Heilig' Geist!

Faust I

Nicht vor Irrtum zu bewahren, ist die Pflicht des Menschenerziehers, sondern den Irrenden zu leiten, ja ihn seinen Irrtum aus vollen Bechern ausschlürfen zu lassen, das ist Weisheit der Lehrer. Wer seinen Irrtum nur kostet, hält lange damit haus, er freuet sich dessen als eines seltenen Glücks, aber wer ihn ganz erschöpft, der muß ihn kennenlernen, wenn er nicht wahnsinnig ist.

Wilhelm Meisters Lehrjahre

Die frische Luft des freien Feldes ist der eigentliche Ort, wo wir hingehören; es ist, als ob der Geist Gottes dort den Menschen unmittelbar anwehte und eine göttliche Kraft ihren Einfluß ausübte. Lord Byron, der täglich mehrere Stunden im Freien lebte, bald zu Pferd am Strande des Meeres reitend, bald im Boote segelnd oder rudernd, dann sich im Meere badend und seine Körperkräfte im Schwimmen übend, war einer der produktivsten Menschen, die je gelebt haben.

Eckermann, 11.3.1828

Glücklich, wem doch Mutter Natur die rechte Gestalt gab!
Denn sie empfiehlet ihn stets, und nirgends ist er ein Fremdling;
So ein vollkommener Körper gewiß verwahrt auch die Seele
Rein, und die rüstige Jugend verspricht ein glückliches Alter.

Hermann und Dorothea

Wenn der Knabe zu begreifen anfängt, daß einem sichtbaren Punkte ein unsichtbarer vorhergehen müsse, daß der nächste Weg zwischen zwei Punkten schon als Linie gedacht werde, ehe sie mit dem Bleistift aufs Papier gezogen wird, so fühlt er einen gewissen Stolz, ein Behagen. Und nicht mit Unrecht; denn ihm ist die Quelle alles Denkens aufgeschlossen, Idee und Verwirklichtes, ‚potentia et actu' ist ihm klar geworden.

Maximen und Reflexionen

Das mußt du als ein Knabe leiden,
Daß dich die Schule tüchtig reckt.
Die alten Sprachen sind die Scheiden,
Darin das Messer des Geistes steckt.

Zahme Xenien

Die neuere Zeit schätzt sich selbst zu hoch wegen der großen Masse Stoffes, den sie umfaßt. Der Hauptvorzug des Menschen beruht aber nur darauf, inwiefern er den Stoff zu behandeln und zu beherrschen weiß.

Maximen und Reflexionen

Denn Geist und Körper, innig sind sie ja verwandt;
Ist jener froh, gleich fühlt sich dieser frei und wohl,
Und manches Übel flüchtet vor der Heiterkeit.

Prolog, Halle, den 6.8.1811

Laßt mich nur auf meinem Sattel gelten!
Bleibt in euren Hütten, euren Zelten!
Und ich reite froh in alle Ferne,
Über meiner Mütze nur die Sterne.

Westöstlicher Divan

Der zur Vernunft geborene Mensch bedarf noch großer Bildung, sie mag sich ihm nun durch Sorgfalt der Eltern und Erzieher, durch friedliches Beispiel oder durch strenge Erfahrung nach und nach offenbaren.

Maximen und Reflexionen

Hüten aber soll man sich, die Grenzen seiner Ausbildung zu weit zu stecken.

Eckermann, 20.4.1825

Was dem Enkel so wie dem Ahn frommt,
Darüber hat man viel geträumet;
Aber worauf eben alles ankommt,
Das wird vom Lehrer gewöhnlich versäumet.

Sprichwörtlich

Und so haltet, liebe Söhne,
Einzig euch auf eurem Stand:
Denn das Gute, Liebe, Schöne,
Leben ists dem Lebensband.

Zahme Xenien

Ein Lehrer, der das Gefühl an einer einzigen guten Tat, an einem einzigen guten Gedicht erwecken kann, leistet mehr als einer, der uns ganze Reihen untergeordneter Naturbildungen der Gestalt und dem Namen nach überliefert.

Wahlverwandtschaften

Die Kinder sind die besten Lehrer, die man wählen kann, weil sie ganz dazu neigen, sich gegenseitig anzupassen und aufmerksam etwas abzuhören und weil sie eine viel verständlichere Sprache reden als unsereins.

Soret, 13.7.1824

Die Turnerei halte ich wert: denn sie stärkt und erfrischt nicht nur den jugendlichen Körper, sondern ermutigt und kräftigt auch Seele und Geist gegen Verweichlichung.

F. W. Krummacher, 8.8.1817

Ich bin den deutschen Turnübungen durchaus nicht abgeneigt. Um so mehr hat es mir leid getan, daß sich sehr bald allerlei Politisches dabei einschlich, so daß die Behörden sich genötigt sahen, sie zu beschränken oder wohl gar zu verbieten und aufzuheben. Dadurch ist nun das Kind mit dem Bade verschüttet. Aber ich hoffe, daß man die Turnanstalten wieder herstelle, denn unsere deutsche Jugend bedarf es, besonders die studierende, der bei dem vielen geistigen und gelehrten Treiben alles körperliche Gleichgewicht fehlt und somit jede nötige Tatkraft zugleich.

Eckermann, 1.5.1825

Lehrer Bedenk, o Kind! woher sind diese Gaben?
Du kannst nichts von dir selber haben.
Kind Ei! alles hab ich vom Papa.
Lehrer Und der, woher hats der?
Kind Vom Großpapa.
Lehrer Nicht doch! Woher hats denn der Großpapa bekommen?
Kind Der hats genommen.

Epigrammatisch

Mit den Jahren steigern sich die Prüfungen.

Maximen und Reflexionen

Denn gewisse Dinge sind es, die man von andern lernen und annehmen muß.

An Herzog Karl August, 11.8.1787

Das läßt sich nicht lernen, man muß es tun, und so lautet wohl der erste und letzte Grundsatz jeder Erziehung.

J. St. Zauper, um 1823

„Wo ist der Lehrer, dem man glaubt?“
Tu, was dir dein kleines Gemüt erlaubt.

Sprichwörtlich

Mit wie wenig Worten ließe sich das ganze Erziehungsgeschäft aussprechen, wenn jemand Ohren hätte, zu hören: Man erziehe die Knaben zu Dienern und die Mädchen zu Müttern, so wird es überall wohl stehen.

Wahlverwandtschaften

Geh! gehorche meinen Winken,
Nutze deine jungen Tage,
Lerne fleißig klüger sein!
Auf des Glückes großer Waage
Steht die Zunge selten ein:
Du mußt steigen oder sinken,
Du mußt herrschen und gewinnen
Oder dienen und verlieren,
Leiden oder triumphieren,
Amboß oder Hammer sein.

Ein Andres

Was man nicht versteht, besitzt man nicht.

Maximen und Reflexionen

Der echte Schüler lernt aus dem Bekannten das Unbekannte entwickeln und nähert sich dem Meister.

Maximen und Reflexionen

Über die Jugend

Wo Anmaßung mir wohlgefällt?
An Kindern: denen gehört die Welt.

Sprichwörtlich

„Sag nur, wie trägst du so behäglich
Der tollen Jugend anmaßliches Wesen?"
Fürwahr, sie wären unerträglich,
Wär ich nicht auch unerträglich gewesen.

Zahme Xenien

Die Jugend verwundert sich sehr,
Wenn Fehler zum Nachteil gedeihen:
Sie faßt sich, sie denkt zu bereuen;
Im Alter erstaunt und bereut man nicht mehr.

Zahme Xenien

Wer viel mit Kindern lebt, wird finden, daß keine äußere Einwirkung auf sie ohne Gegenwirkung bleibt.

Maximen und Reflexionen

Ja, meinem Herzen sind die Kinder am nächsten auf der Erde. Wenn ich ihnen zusehe und in dem kleinen Dinge die Keime aller Tugenden, aller Kräfte sehe, die sie einmal so nötig brauchen werden; wenn ich in dem Eigensinne künftige Standhaftigkeit und Festigkeit des Charakters, in dem Mutwillen guten Humor und Leichtigkeit, über die Gefahren der Welt hinzuschlüpfen, erblicke, alles so unverdorben, so ganz! – immer, immer wiederhol ich dann die goldenen Worte des Lehrers der Menschen: Wenn ihr nicht werdet wie eines von diesen!

Die Leiden des jungen Werthers

Christus hat Recht, uns auf die Kinder zu weisen, von ihnen kann man leben lernen und selig werden.

An Charlotte v. Stein, 22.9.1781

Da ich ein Kind war,
Nicht wußte, wo aus noch ein,
Kehrt ich mein verirrtes Auge
Zur Sonne, als wenn drüber wär
Ein Ohr, zu hören meine Klage,
Ein Herz wie meins,
Sich des Bedrängten zu erbarmen.

Prometheus

Das junge Volk, es bildet sich ein,
Sein Tauftag sollte der Schöpfungstag sein.
Möchten sie doch zugleich bedenken,
Was wir ihnen als Eingebinde schenken.

Sprichwörtlich

Die holden jungen Geister
Sind alle von einem Schlag:
Sie nennen mich ihren Meister
Und gehen der Nase nach.

Zahme Xenien

... denn meist versprechen sie (die Kinder) mehr, als sie halten, und es scheint, als wenn die Natur unter andern schelmischen Streichen, die sie uns spielt, auch hier sich ganz besonders vorgesetzt, uns zum besten zu haben.

Dichtung und Wahrheit

Kinderspiele und Jugendvergnügungen erhalten sich daher und pflanzen sich von Jahrhundert zu Jahrhundert fort; denn so absurd sie auch einem reifern Alter erscheinen mögen, Kinder bleiben doch immer Kinder und sind sich zu allen Zeiten ähnlich.

Eckermann, 17.1.1827

Laßt mir die jungen Leute nur
Und ergetzt euch an ihren Gaben!
Es will doch Großmama Natur
Manchmal einen närrischen Einfall haben.

Sprichwörtlich

Wenn man der Jugend reine Wahrheit sagt,
Die gelben Schnäbel keineswegs behagt,
Sie aber hinterdrein nach Jahren
Das alles derb an eigner Haut erfahren,
Dann dünkeln sie, es käm' aus eignem Schopf;
Da heißt es denn: der Meister war ein Tropf.

Faust II

Unbesonnenheit ziert die Jugend,
Sie will eben vorwärts leben;
Der Fehler wird zur Tugend:
Im Alter muß man auf sich achtgeben.

Zahme Xenien

Die Tage der Jugend, sie glänzen und blühn;
O laß uns der Jugend genießen!

Erwin und Elmire

Die Menschen halten sich mit ihren Neigungen ans Lebendige. Die Jugend bildet sich wieder an der Jugend.

Maximen und Reflexionen

Wenn auch die Welt im ganzen vorschreitet, die Jugend muß doch immer wieder von vorne anfangen und als Individuum die Epochen der Weltkultur durchmachen.

Eckermann, 17.1.1827

... denn wenn einer in seinem zwanzigsten Jahre nicht jung ist, wie soll er es in seinem vierzigsten sein?

Eckermann, 12.3.1828

Dies ist der Jugend edelster Beruf:
Die Welt, sie war nicht, eh ich sie erschuf!
Die Sonne führt ich aus dem Meer herauf;
Mit mir begann der Mond des Wechsels Lauf.
Da schmückte sich der Tag auf meinen Wegen,
Die Erde grünte, blühte mir entgegen.
Auf meinen Wink, in jener ersten Nacht,
Entfaltete sich aller Sterne Pracht.

Faust II

... denn die Jugend will lieber angeregt als unterrichtet sein.

Dichtung und Wahrheit

Der Mensch kann seine Jugendeindrücke nicht los werden, und dieses geht so weit, daß selbst mangelhafte Dinge, woran er sich in solchen Jahren gewöhnt und in deren Umgebung er jene glückliche Zeit gelebt hat, ihm auch später in dem Grade lieb und wert bleiben, daß er darüber wie verblendet ist und er das Fehlerhafte daran nicht einsieht.

Eckermann, 12.4.1829

Jugendeindrücke verlöschen nicht, auch in ihren kleinsten Teilen.

Wilhelm Meisters Lehrjahre

Jugendfreundschaften, wie Blutsverwandtschaften, haben den bedeutenden Vorteil, daß ihnen Irrungen und Mißverständnisse, von welcher Art sie auch seien, niemals von Grund aus schaden, und die alten Verhältnisse sich nach einiger Zeit wieder herstellen.

Wahlverwandtschaften

Der Jüngling kämpft, damit der Greis genieße.

Elpenor

Ja, wenn man in der Jugend nicht tolle Streiche machte und mitunter einen Buckel voll Schläge mit hinwegnähme, was wollte man denn im Alter für Betrachtungsstoff haben?

F. v. Müller, 18.5.1821

Wer mag wohl überhaupt jetzt eine Schrift
Von mäßig klugem Inhalt lesen!
Und was das liebe junge Volk betrifft,
Das ist noch nie so naseweis gewesen.

Faust I

In der Jugend ist ihm ein froher Gefährte der Leichtsinn,
Der die Gefahr ihm verbirgt und heilsam geschwinde die Spuren
Tilget des schmerzlichen Übels, sobald es nur irgend vorbeizog.

Hermann und Dorothea

Es ist das beneidenswerte Glück der Jugend, die Eindrücke in aller Frische und Kraft zu empfangen und zu genießen. Bei zunehmender kritischer Erkenntnis versiegt allgemach die Quelle jener ungetrübten Freuden.

J. Ch. Lobe, Juli 1820

Ja, ja, mein Guter, man muß jung sein, um große Dinge zu tun.

Eckermann, 11.3.1828

Glückselger Jüngling, dem man seine Mängel
Zur Tugend rechnet, dem so schön vergönnt ist,
Den Knaben noch als Mann zu spielen, der
Sich seiner holden Schwäche rühmen darf.

Tasso

Man liebt an dem Mädchen, was es ist, und an dem Jüngling, was er ankündigt.

Dichtung und Wahrheit

Junge Mädchen dünken sich gegen jüngere Knaben sehr weit vorgeschritten und nehmen, indem sie nach den Jünglingen hinschauen, ein tantenhaftes Betragen gegen den Knaben an, der ihnen seine erste Neigung zuwendet.

Dichtung und Wahrheit

Man müsse den Kindern nicht merken lassen, wie lieb man sie habe, sie griffen immer zu weit um sich.

Wilhelm Meisters Lehrjahre

Sonst, wie die Alten sungen;
So zwitscherten die Jungen;
Jetzt, wie die Jungen singen,
Solls bei den Alten klingen.
Bei solchem Lied und Reigen
Das Beste – ruhn und schweigen.

Zahme Xenien

Der törigste von allen Irrtümern ist, wenn junge gute Köpfe glauben, ihre Originalität zu verlieren, indem sie das Wahre anerkennen, was von andern schon anerkannt worden.

Maximen und Reflexionen

Der Jüngling reifet zum Manne;
Besser im Stillen reift er zur Tat oft als im Geräusche
Wilden, schwankenden Lebens, das manchen Jüngling verderbt hat.

Hermann und Dorothea

Wenn man mit der Welt nicht ganz fremd werden will, so muß man die jungen Leute gelten lassen für das, was sie sind, und muß es wenigstens mit einigen halten, damit man erfahre, was die übrigen treiben.

An K. F. v. Reinhard, 8.5.1811

... ob es etwas Schöneres geben könne, als wenn die Jugend aus allen Weltgegenden zusammenkäme, um sich fester für das Gute zu verbinden mit dem Entschluß, in jeder Lage ihres Lebens alle ihre Kräfte aufzuwenden und so weiter.

Johanna Frommann, 4.12.1817

O Jugend, Jugend, wirst du nie
Der Freude reines Maß bezirken?

Faust II

In der Jugend bald die Vorzüge des Alters gewahr zu werden, im Alter die Vorzüge der Jugend zu erhalten, beides ist nur ein Glück.

Maximen und Reflexionen

Was man in der Jugend wünscht, hat man im Alter die Fülle.

Dichtung und Wahrheit

Gib ungebändigt jene Triebe,
Das tiefe, schmerzenvolle Glück,
Des Hasses Kraft, die Macht der Liebe,
Gib meine Jugend mir zurück.

Faust, Vorspiel auf dem Theater

Kennte der Jüngling die Welt genau,
Er würde im ersten Jahre grau.

Faust II, Paralipomena

Wenn man sich erinnern will, was uns in der frühsten Zeit der Jugend begegnet ist, so kommt man oft in den Fall, dasjenige, was wir von andern gehört, mit dem zu verwechseln, was wir wirklich aus eigner anschauender Erfahrung besitzen.

Dichtung und Wahrheit

Und besonders bedarf die Jugend, daß man sie leite.

Hermann und Dorothea

Von Frauen und Sitte

Willst du genau erfahren, was sich ziemt,
So frage nur bei edlen Frauen an.

Tasso

Der Umgang mit Frauen ist das Element guter Sitten.

Wahlverwandschaften

Ein junges Herz hängt ganz an einem Mädchen, bringt alle Stunden seines Tages bei ihr zu, verschwendet alle seine Kräfte, all sein Vermögen, um ihr jeden Augenblick auszudrükken, daß er sich ganz ihr hingibt. Und da käme ein Philister, ein Mann, der in einem öffentlichen Amte steht, und sagte zu ihm: „Feiner junger Herr! Lieben ist menschlich, nur müßt ihr menschlich lieben. Teilet Eure Stunden ein, die einen zur Arbeit, und die Erholungsstunden widmet Eurem Mädchen." Folgt der Mensch, so gibt's einen brauchbaren jungen Menschen, und ich will selbst jedem Fürsten raten, ihn in ein Kollegium zu setzen; nur mit seiner Liebe ist's am Ende, und wenn er ein Künstler ist, mit seiner Kunst.

Die Leiden des jungen Werthers

Auf diese Weise wäret ihr Frauen wohl unüberwindlich (...): erst verständig, daß man nicht widersprechen kann, liebevoll, daß man sich gern hingibt, gefühlvoll, daß man euch nicht weh tun mag, ahnungsvoll, daß man erschrickt.

Wahlverwandtschaften

Denn das Naturell der Frauen
Ist so nah mit Kunst verwandt.

Faust II

Die Frauen haben eine gewisse Zurückhaltung aus Bescheidenheit, die ihre größte Zierde ist; sie hindert sie, ihre Gefühle frei zu äußern, und diese werden sie am wenigsten zu Tage legen, wenn Eitelkeit im Spiel ist.

Die Wette

Man erzählt von einem unserer trefflichsten Männer, er habe mit Verdruß das Frühjahr wieder aufgrünen gesehen und gewünscht, es möchte zur Abwechslung einmal rot erscheinen. Dieses sind eigentlich die Symptome des Lebensüberdrusses, der nicht selten in den Selbstmord ausläuft und bei denkenden, in sich gekehrten Menschen häufiger war, als man glauben kann. Nichts aber veranlaßt mehr diesen Überdruß als die Wiederkehr der Liebe.

Dichtung und Wahrheit

Die Frauen sind silberne Schalen, in die wir goldene Äpfel legen.

Eckermann, 22.10.1828

Wenn dir's in Kopf und Herzen schwirrt,
Was willst du Beßres haben!
Wer nicht mehr liebt und nicht mehr irrt,
Der lasse sich begraben.

Das Beste

Die ersten Liebesneigungen einer unverdorbenen Jugend nehmen durchaus eine geistige Wendung. Die Natur scheint zu wollen, daß ein Geschlecht in dem andern das Gute und Schöne sinnlich gewahr werde. Und so war auch mir durch den Anblick dieses Mädchens, durch meine Neigung zu ihr, eine neue Welt des Schönen und Vortrefflichen aufgegangen.

Dichtung und Wahrheit

Man muß nur ein Wesen recht von Grund aus lieben, da kommen einem die übrigen alle liebenswürdig vor!

Wahlverwandtschaften

Dienen lerne beizeiten das Weib nach ihrer Bestimmung;
Denn durch Dienen allein gelangt sie endlich zum Herrschen.

Hermann und Dorothea

Die Ehe ist der Anfang und der Gipfel aller Kultur. Sie macht den Rohen mild, und der Gebildetste hat keine bessere Gelegenheit, seine Milde zu beweisen. Unauflöslich muß sie sein: denn sie bringt so vieles Glück, daß alles einzelne Unglück dagegen gar nicht zu rechnen ist.

Wahlverwandtschaften

... ich merke wohl, im Ehestand muß man sich manchmal streiten, denn dadurch erfährt man was voneinander.

Wahlverwandtschaften

So sei auch der Begriff der Heiligkeit der Ehe eine solche Kulturerrungenschaft des Christentums und von unschätzbarem Wert, obgleich die Ehe eigentlich unnatürlich sei.

F. v. Müller, 7.4.1830

Man sollte nicht so leicht mit Ehescheidungen vorschreiten. Was liegt daran, ob einige Paare sich prügeln und das Leben verbittern, wenn nur der allgemeine Begriff der Heiligkeit der Ehe aufrecht bleibt.

F. v. Müller, 7.4.1830

... dem Liebhaber glaubt ein Mädchen immer mehr als der Mutter.

Anette

Wenn einem Mädchen, das uns liebt,
Die Mutter strenge Lehren gibt
Von Tugend, Keuschheit und von Pflicht,
Und unser Mädchen folgt ihr nicht
Und fliegt mit neuverstärktem Triebe
Zu unsern heißen Küssen hin;
Da hat daran der Eigensinn

So vielen Anteil als die Liebe.
Doch wenn die Mutter es erreicht,
Daß sie das gute Herz erweicht,
Voll Stolz auf ihre Lehren sieht,
Daß uns das Mädchen spröde flieht,
So kennt sie nicht das Herz der Jugend;
Denn wenn das je ein Mädchen tut,
So hat daran der Wankelmut
Gewiß mehr Anteil als die Tugend.

Liebe und Tugend

Himmelhoch jauchzend,
Zum Tode betrübt;
Glücklich allein
ist die Seele, die liebt.

Egmont

Die erste Liebe, sagt man mit Recht, sei die einzige; denn in der zweiten und durch die zweite geht schon der höchste Sinn der Liebe verloren. Der Begriff des Ewigen und Unendlichen, der sie eigentlich hebt und trägt, ist zerstört, sie erscheint vergänglich wie alles Wiederkehrende. Die Absonderung des Sinnlichen vom Sittlichen, die in der verflochtenen kultivierten Welt die liebenden und begehrenden Empfindungen spaltet, bringt auch hier eine Übertriebenheit hervor, die nichts Gutes stiften kann. Ferner wird ein junger Mann, wo nicht gerade an sich selbst, doch an anderen bald gewahr, daß moralische Epochen ebensogut wie die Jahreszeiten wechseln.

Dichtung und Wahrheit

Wenn der Mensch über sein Physisches oder Moralisches nachdenkt, findet er sich gewöhnlich krank.

Maximen und Reflexionen

Ein edler Mann wird durch ein gutes Wort
Der Frauen weit geführt.

Iphigenie

Und doch, welch Glück, geliebt zu werden!
Und lieben, Götter, welch ein Glück!

Willkommen und Abschied

O Mädchen, Mädchen,
Wie lieb ich dich!
Wie blinkt dein Auge!
Wie liebst du mich!

Mailied

... daß zwar der Verstand der Männer sich nach Haushälterinnen umsehe, daß aber ihr Herz und ihre Einbildungskraft sich nach anderen Eigenschaften sehne.

Wilhelm Meisters Lehrjahre

Die Frauen sind immer ein wenig selbst schuld, wenn die Männer sich zu viel herausnehmen. Man muß dem Männergeschlecht wohl recht geben, aber nicht recht lassen.

An Marianne v. Eybenberg, 16.1.1809

Besonders lernt die Weiber führen!
Es ist ihr ewig Weh und Ach,
So tausendfach,
Aus einem Punkte zu kurieren,
Und wenn ihr halbweg ehrbar tut,
Dann habt ihr sie all unterm Hut.

Faust I

Denn ein geschäftiges Weib tut keine Schritte vergebens.

Hermann und Dorothea

Sollst du des herrlichsten Schatzes auf dieser Erde dich freuen.
Dieser Schatz ist ein treffliches Weib, die Schönste von allen,
Tugendsam, edel und weise, wer könnte würdig sie loben.

Reineke Fuchs

... und die Weiber, die Weiber! Man vertändelt gar zu viel Zeit mit ihnen.

Clavigo

Bei allen heiligen Engeln, bei allen Bildern der Seligkeit, die sich ein reines, gutmütiges Herz erschafft, es ist nichts Himmlischeres als ein weibliches Wesen, das sich dem geliebten Manne hingibt.

Wilhelm Meisters Lehrjahre

Welche Frau hat einen guten Mann,
Der sieht man's am Gesicht wohl an.

Sprichwörtlich

Eine stille, ernsthafte Frau ist übel daran mit einem lustigen Mann. Ein ernsthafter Mann nicht so mit einer lustigen Frau.

Riemer, 5.3.1809

Für die vorzüglichste Frau wird diejenige gehalten, welche ihren Kindern den Vater, wenn er abgeht, zu ersetzen im Stande wäre.

Maximen und Reflexionen

Es ist keine Frage, daß bei allen gebildeten Nationen die Frauen im Ganzen das Übergewicht gewinnen müssen; denn bei einem wechselseitigen Einfluß muß der Mann weiblicher werden, und dann verliert er; denn sein Vorzug besteht nicht in gemäßigter, sondern in gebändigter Kraft; nimmt dagegen das Weib vom Manne etwas an, so gewinnt sie; denn wenn sie ihre übrigen Vorzüge durch Energie erheben kann, so entsteht ein Wesen, das sich nicht vollkommener denken läßt.

Die guten Weiber

Ich wünsche mir eine hübsche Frau,
Die nicht alles nähme gar zu genau,
Doch aber zugleich am besten verstände,
Wie ich mich selbst am besten befände.

Zahme Xenien

Und doch können sich die Frauen nicht mehr beklagen; sie erben in der jetzigen Welt so viel, ja fast mehr als die Männer, und ich behaupte, daß es durchaus jetzt schwerer sei, ein vollendeter Mann zu werden, als ein vollendetes Weib.

Die guten Weiber

... was kann ihm (dem Manne) erwünschter sein, als eine Gattin zu finden, die überall mit ihm wirkt und die ihm alles vorzubereiten weiß, deren Tätigkeit dasjenige aufnimmt, das die seinige liegen lassen muß ...

Wilhelm Meisters Lehrjahre

Nur der verdient die Gunst der Frauen,
Der kräftig sie zu schützen weiß.

Faust II

Das Ewigweibliche
Zieht uns hinan.

Faust II

Was! Frauenschönheit will nichts heißen,
Ist gar zu oft ein starres Bild;
Nur solch ein Wesen kann ich preisen,
Das froh und lebenslustig quillt.

Faust II

Frauen sollen durchaus mannigfaltig gekleidet gehen; jede nach eigener Art und Weise, damit eine jede fühlen lernte, was ihr eigentlich gut stehe und wohl gezieme.

Wahlverwandtschaften

Geh den Weibern zart entgegen,
Du gewinnst sie, auf mein Wort;
Und wer rasch ist und verwegen,
Kommt vielleicht noch besser fort.

Antworten bei einem gesellschaftlichen Fragespiel

Über das Alter

Das Alter ist ein höflicher Mann:
Einmal übers andre klopft er an;
Aber nun sagt niemand: Herein!
Und vor der Türe will er nicht sein.
Da klinkt er auf, tritt ein so schnell,
Und nun heißt's, er sei ein grober Gesell.

Das Alter

Freilich erfahren wir erst im Alter, was uns in der Jugend begegnete.

An Zelter, 7.11.1816

Vom Vergangenen und Geleisteten mag man gern im Alter sprechen, um so mehr als einer frischen Jugend nicht zu verargen ist, wenn sie ihre eigenen Verdienste geltend macht und, mit mehr oder weniger Bewußtsein und Vorsatz, besonders das nächst Vergangene in die Ferne zu drängen und zu übernebeln trachtet.

Dichtung und Wahrheit

Das Alter macht nicht kindisch, wie man spricht,
Es findet uns nur noch als wahre Kinder.

Faust, Vorspiel auf dem Theater

Alter: stufenweises Zurücktreten aus der Erscheinung.

Maximen und Reflexionen

Im hohen Alter, wo uns die Jahre nach und nach wieder entziehen, was sie uns früher so freundlich und reichlich gebracht haben, halte ich für die erste Pflicht gegen uns selbst und die Welt, genau zu bemerken und zu schätzen, was uns noch übrig bleibt.

An K. v. Brühl, 15.10.1831

Gewiß, das Alter ist ein kaltes Fieber
Im Frost von grillenhafter Not.
Hat einer dreißig Jahr' vorüber,
So ist er schon so gut wie tot.

Faust II

Soll dich das Alter nicht verneinen,
So mußt du es gut mit andern meinen;
Mußt viele fördern, manchem nützen,
Das wird dich vor Vernichtung beschützen.

Beschildeter Arm

... auch das hohe Alter hat seine Blüte ...

Schriften zur Literatur

Wenn man alt ist, muß man mehr tun, als da man jung war.

Maximen und Reflexionen

Man darf nur alt werden, um milder zu sein; ich sehe keinen Fehler begehen, den ich nicht auch begangen hätte.

Maximen und Reflexionen

Wie aber den Frauen der Augenblick, wo ihre bisher unbestrittene Schönheit zweifelhaft werden will, höchst peinlich ist, so wird den Männern in gewissen Jahren, obgleich noch in völligem Vigor, das leiseste Gefühl einer unzulänglichen Kraft äußerst unangenehm, ja gewissermaßen ängstlich.

Wilhelm Meisters Wanderjahre

... ein Schiff, das nicht mehr die hohe See hält, ist zu einem Küstenfahrer vielleicht immer noch nütze.

An W. v. Humboldt, 22.10.1826

... das Alter hat mehr Rücksichten zu nehmen, als man denkt; man geht nicht schnell mehr ungestraft von einem Interesse zum andern über, Zerstreuung ist der Tätigkeit gefährlicher.

An Nees v. Esenbeck, 29.1.1824

Man schont die Alten, wie man die Kinder schont.

Maximen und Reflexionen

Älter werden heißt selbst ein neues Geschäft antreten; alle Verhältnisse verändern sich, und man muß entweder zu handeln ganz aufhören oder mit Willen und Bewußtsein das neue Rollenfach übernehmen.

Maximen und Reflexionen

Lange leben heißt gar vieles überleben, geliebte, gehaßte, gleichgültige Menschen, Königreiche, Hauptstädte, ja Wälder und Bäume, die wir jugendlich gesäet und gepflanzt. Wir überleben uns selbst und erkennen durchaus noch dankbar, wenn uns auch nur einige Gaben des Leibes und Geistes übrig bleiben.

An Auguste v. Bernstorff, 7.4.1823

Denn wenn dem frühen Alter Tun und Wirken gebührt, so ziemt dem späteren Betrachtung und Mitteilung.

Westöstlicher Divan

„Wie mag ich gern und lange leben?“
Mußt immer nach dem Trefflichsten streben:
Des unerkannt Trefflichen wirket so viel,
Und Zeit und Ewigkeit legt ihm kein Ziel.

Zahme Xenien

Wer lange lebt, hat viel erfahren,
Nichts Neues kann für ihn auf dieser Welt geschehn.

Faust II

Der Alte verliert eins der größten Menschenrechte: er wird nicht mehr von seinesgleichen beurteilt.

Maximen und Reflexionen

Eben, wenn man alt ist, muß man zeigen, daß man noch Lust zu leben hat.

Was wir bringen

Nach bestimmten Gesetzen treten wir ins Leben ein, die Tage sind gezählt, die uns zum Anblicke des Lichts reif machen, aber für die Lebensdauer ist kein Gesetz.

Wilhelm Meisters Lehrjahre

Einem bejahrten Manne verdachte man, daß er sich noch um junge Frauenzimmer bemühte. „Es ist das einzige Mittel", versetzte er, „sich zu verjüngen, und das will doch jedermann."

Maximen und Reflexionen

Das freut mich sehr! Da hör' ich doch Verstand;
Der erste Greis, den ich vernünftig fand!

Faust II

Jeder Mensch mag gern das Andenken seines Daseins stiften.

Schriften zur Kunst

Gedenkt man, wie viele Menschen man gesehen, gekannt, und gesteht sich, wie wenig wir ihnen, wie wenig sie uns gewesen, wie wird uns da zu Mute! Wir begegnen dem Geistreichen, ohne uns mit ihm zu unterhalten, dem Gelehrten, ohne von ihm zu lernen, dem Gereisten, ohne uns zu unterrichten, dem Liebevollen, ohne ihm etwas Angenehmes zu erzeigen.

Wahlverwandtschaften

Die Summa Summarum des Alters ist eigentlich niemals erquicklich.

An F. v. Stein, 21.12.1798

Ein junger, muntrer Fürst mag seinen Tag vergeuden,
Die Jahre lehren ihn des Augenblicks Bedeuten.

Faust II

Das Alter hört sich gern,
Und wenn es auch nicht viel zu sagen hat.

Festzug, 18.12.1818

Denn das ist, bei manchem Entbehren, der große Vorteil des hohen Alters, sich ein ganzes Jahrhundert vorführen zu können und es beinahe als persönlich gegenwärtig anzuschauen.

Schriften zur Literatur

Das Alter kann kein größeres Glück empfinden, als daß es sich in die Jugend hineingewachsen fühlt und mit ihr nun fortwächst.

An C. G. Carus, 23.3.1818

Ihr glücklichen Augen,
Was je ihr gesehn,
Es sei wie es wolle,
Es war doch so schön!

Faust II

Denn nicht allein körperliche Kühnheit will dem Alter selten geziemen, auch geistige Kühnheit steht ihm nicht wohl.

An Ch. G. v. Voigt, 27.2.1816

Je älter man wird, desto mehr verallgemeint sich alles, und wenn die Welt nicht ganz und gar verschwinden soll, so muß man sich zu denen halten, welche sie aufzubauen im Stande sind.

An F. W. Schelling, 16.1.1815

Ich bin nur durch die Welt gerannt;
Ein jed' Gelüst ergriff ich bei den Haaren,
Was nicht genügte, ließ ich fahren,
Was mir entwischte, ließ ich ziehn.
Ich habe nur begehrt und nur vollbracht
Und abermals gewünscht und so mit Macht
Mein Leben durchgestürmt: erst groß und mächtig,
Nun aber geht es weise, geht bedächtig.

Faust II

Es wäre nicht der Mühe wert, siebzig Jahre alt zu werden,
Wenn alle Weisheit der Welt Torheit wäre vor Gott.

Maximen und Reflexionen

Der ist der glücklichste Mensch, der das Ende seines Lebens mit dem Anfang in Verbindung setzen kann.

Maximen und Reflexionen

In einem Alter, wo man sich selbst historisch wird und die geschichtliche Einsicht überhaupt immer größeren Wert erhält, weil man eigentlich dadurch den Augenblick immer besser beurteilen kann ...

An J. F. Hecker, 7.10.1829

Die Jugend sehnt sich nach Teilnahme, der Mann fordert Beifall, der Greis erwartet Zustimmung, und wenn jene meist ihr bescheiden Teil empfangen, so sieht sich dieser gar oft um seinen Lohn verkürzt.

Zur Botanik

Man meint immer, man müsse alt werden, um gescheit zu sein; im Grunde aber hat man bei zunehmenden Jahren zu tun, sich so klug zu erhalten, als man gewesen ist.

Eckermann, 17.2.1831

Der Mensch erfährt, er sei auch, wer er mag,
Ein letztes Glück und einen letzten Tag.

Sprichwörtlich

Ein alter Mann ist stets ein König Lear! –
Was Hand in Hand mitwirkte, stritt,
Ist längst vorbeigegangen,
Was mit und an dir liebte, litt,
Hat sich wo anders angehangen.

Die Jugend ist um ihretwillen hier;
Es wäre törig zu verlangen:
Komm, ältele du mit mir.

Zahme Xenien

An unseres himmlischen Vaters Tisch
Greift wacker zu und bechert frisch:
Denn Gut und Böse sind abgespeist,
Wenn's: „Jacet ecce Tibullus!“ heißt.

Zahme Xenien

In meinem Alter kommt man denn doch allmählich auf den Gedanken, daß es zu Ende gehen könne.

H. Voß, Mitte Juli 1804

Gedanken an den Tod

Wenn einer fünfundsiebzig Jahre alt ist, (...) kann es nicht fehlen, daß er mitunter an den Tod denke. Mich läßt dieser Gedanke in völliger Ruhe, denn ich habe die feste Überzeugung, daß unser Geist ein Wesen ist und ganz unzerstörbarer Natur; es ist ein fortwirkendes von Ewigkeit zu Ewigkeit. Es ist der Sonne ähnlich, die bloß unsern irdischen Augen unterzugehen scheint, die aber eigentlich nie untergeht, sondern unaufhörlich fortleuchtet.

Eckermann, 2.5.1824

Und doch ist nie der Tod ein ganz willkommener Gast.

Faust I

Laßt die Zeit kommen wie den Tod. Dran vorzudenken ist schreckhaft! – Und wenn er kommt! Wenn wir müssen – dann – wollen wir uns gebärden, wie wir können.

Egmont

Der Tod, gefürchtet oder ungefürchtet,
Kommt unaufhaltsam.

Iphigenie

Aus dem Palast ins enge Haus,
So dumm läuft es am Ende doch hinaus.

Faust II

In Zeiten, wenn uns eine wichtige, auf unser Leben einflußreiche Person verläßt, pflegen wir auf unser eigenes Selbst zurückzukehren, gewohnt, nur dasjenige schmerzlich zu empfinden, was wir persönlich für die Folge zu entbehren haben. In meiner Lage (nach Schillers Tod) war dies von der größten Bedeutung: denn mir fehlte nunmehr eine innig vertraute Teilnahme, ich vermißte eine geistreiche Anregung.

An König Ludwig I. von Bayern, 18.10.1829

Wenn ich an meinen Tod denke, darf ich, kann ich nicht denken, welche Organisation zerstört wird.

Maximen und Reflexionen

Ein allgemeines Übel ist der Tod.

Die natürliche Tochter

Als Knabe verschlossen und trutzig,
Als Jüngling anmaßlich und stutzig,
Als Mann zu Taten willig,
Als Greis leichtsinnig und grillig! –
Auf deinem Grabstein wird man lesen:
Das ist fürwahr ein Mensch gewesen!

Grabschrift

Man mag so gern das Leben aus dem Tode betrachten, und zwar nicht von der Nachtseite, sondern von der ewigen Tagseite her, wo der Tod immer vom Leben verschlungen wird.

An Nees v. Esenbeck, 27.9.1826

... möge doch das Schicksal jedem, den es liebt, einen Tod geben, der so analog zu seinem Leben sei ...

An Charlotte v. Stein, 20.12.1781

Warum soll ich mir die lieblichen Eindrücke von den Gesichtszügen meiner Freunde und Freundinnen durch die Entstellungen einer Maske zerstören lassen? Es wird ja dadurch etwas Fremdartiges, ja völlig Unwahres meiner Einbildungskraft aufgedrungen. Ich habe mich wohl in acht genommen, weder Herder, Schiller noch die verwitwete Frau Herzogin Amalia im Sarge zu sehen.

J. D. Falk, 25.1.1813

Ein unnütz Leben ist ein früher Tod.

Iphigenie

Und wenn ich Tag und Stunden mich zerplage,
Wann? wie? und wo? das ist die leidige Frage;
Der alte Tod verlor die rasche Kraft,
Das Ob? sogar ist lange zweifelhaft.

Faust II

... wie ein Kind, umwunden von der Schlange, des erquickenden Schlafs genießt, so legt der Müde sich noch einmal vor die Pforte des Todes nieder und ruht tief aus, als ob er einen weiten Weg zu wandern hätte.

Egmont

Den letzten, schlechten, leeren Augenblick,
Der Arme wünscht ihn festzuhalten.
Der mir so kräftig widerstand,
Die Zeit wird Herr, der Greis hier liegt im Sand.
Die Uhr steht still –

Faust II

Bin ich doch froh, mein Leben hinter mir zu haben; was ich geworden und geleistet, mag die Welt wissen; wie es im einzelnen zugegangen, bleibe mein eigenstes Geheimnis.

F. v. Müller, August 1830

Eine Grabschrift ist ja eigentlich eine Lebensschrift, indem sie die Grabstätte durch die Erinnerung an das Leben beleben soll. Dient sie also als Gegengewicht des Todes, warum sollte sie nicht auch dem Lebendigen ein Übergewicht geben?

An Prinz v. Solms, 3.1.1812

Der Wind, der von den Gräbern der Alten herweht, kommt mit Wohlgerüchen wie über einen Rosenhügel. Die Grabmäler sind herzlich und rührend und stellen immer das Leben her.

Italienische Reise, 16.9.1786

Du gibst mir zu, wir nennen das eine Krankheit zum Tode, wodurch die Natur so angegriffen wird, daß teils ihre Kräfte verzehrt, teils so außer Wirkung gesetzt werden, daß sie sich nicht wieder aufzuhelfen, durch keine glückliche Revolution den gewöhnlichen Umlauf des Lebens wieder herzustellen fähig ist.

Die Leiden des jungen Werthers

Die Betrachtung, die sich uns nur zu sehr aufdrängt: daß der Tod alles gleich mache, ist ernst, aber traurig und ohne Seufzer kaum auszusprechen.

Dichtung und Wahrheit

Wenn man den Tod abschaffen könnte,
dagegen hätten wir nichts;
die Todesstrafen abzuschaffen wird schwer halten.
Geschieht es, so rufen wir sie gelegentlich wieder zurück.

Maximen und Reflexionen

Nicht jeden leitet ein gelinder Gang
Unmerklich in das stille Reich der Schatten.
Gewaltsam schmerzlich reißt Zerstörung oft
Durch Höllenqualen in die Ruhe hin.

Die natürliche Tochter

Es ziehen die Wolken, es schwinden die Sterne!
Dahinten, dahinten! von ferne, von ferne,
Da kommt er, der Bruder, da kommt er der – – – Tod.

Faust II

Daß die Eltern vor den Kindern sterben, ist in der Ordnung; unnatürlich aber ist, wenn der Sohn vor dem Vater abgefordert wird.

K. Vogel, Ende 1830

Wie gut ist's, daß der Mensch sterbe, um nur die Eindrücke auszulöschen und gebadet wieder zu kommen.

An Charlotte v. Stein, 2.7.1781

Ansichten über Tiere

... daß wie der Mensch, so auch das Tier ein Rätsel und ein vielleicht noch schwerer zu lösendes sei; denn nicht nur, daß durch die Sprache der Menschenbruder uns sein geheimes Wesen offenbare; der Mensch sei trotz aller Rassenunterschiede immer einer von derselben Gattung, wogegen die Tierwelt in unendlich viel spezifisch voneinander verschiedene Gattungen und Arten getrennt sei.

F. Förster, Mai 1829

Zweck sein selbst ist jegliches Tier, vollkommen entspringt es
Aus dem Schoß der Natur und zeugt vollkommene Kinder.
Alle Glieder bilden sich aus nach ewgen Gesetzen,
Und die seltenste Form bewahrt im geheimen das Urbild.

Gott und Welt

Wenn sich in Tieren etwas Vernunftähnliches hervortut, so können wir uns von unserer Verwunderung nicht erholen; denn ob sie uns gleich so nahe stehen, so scheinen sie doch durch eine unendliche Kluft von uns getrennt und in das Reich der Notwendigkeit verwiesen.

Dichtung und Wahrheit

... sind doch Tiere nur Zerrbilder des Menschen.

Die guten Weiber

Dem Hunde, wenn er gut gezogen,
Wird selbst ein weiser Mann gewogen.

Faust I

Wundern kann es mich nicht, daß Menschen die Hunde so lieben:
Denn ein erbärmlicher Schuft ist, wie der Mensch, so der Hund.

Venezianische Epigramme

Das also war des Pudels Kern!
Ein fahrender Scholast? Der Kasus macht mich lachen.

Faust I

Manche Töne sind mir Verdruß, doch bleibet am meisten
Hundegebell mir verhaßt; kläffend zerreißt es mein Ohr.

Römische Elegien

Und dahin gehört ihm (Goethen) auch der Hund, über den er in graziöser Bewegung des Körpers und Selbständigkeit des Charakters sogar die Katze zu setzen pflegte, und sie wohl einmal im Scherz eine heruntergekommene Prinzessin aus dem Löwengeschlecht zu betiteln liebte.

Riemer

... die Katze weiß wohl, wem sie den Bart leckt ...

Wilhelm Meisters Wanderjahre

Mit wenig Witz und viel Behagen
Dreht jeder sich im engen Zirkeltanz,
Wie junge Katzen mit dem Schwanz,
Wenn sie nicht über Kopfweh klagen.

Faust I

... das Pferd steht als Tier sehr hoch, doch seine bedeutende weitreichende Intelligenz wird auf eine wundersame Weise durch gebundene Extremitäten beschränkt. Ein Geschöpf, das bei so bedeutenden, ja großen Eigenschaften sich nur im Treten, Laufen, Rennen zu äußern vermag, ist ein seltsamer Gegenstand für die Betrachtung, ja man überzeugt sich beinahe, daß es nur zum Organ des Menschen geschaffen sei, um gesellt zu höherem Sinne und Zwecke das Kräftigste wie das Anmutigste bis zum Unmöglichen auszurichten.

Tag- und Jahreshefte 1801

Wenn ich sechs Hengste zahlen kann,
Sind ihre Kräfte nicht die meine?
Ich renne zu und bin ein rechter Mann,
Als hätt ich vierundzwanzig Beine.

Faust I

Der Stier zieht seinen Pflug ohne Widerstand; aber dem edlen Pferde, das du reiten willst, mußt du seine Gedanken ablernen, du mußt nichts Unkluges, nichts unklug von ihm verlangen.

Egmont

Wer kein Ungrischer Ochs ist, komm mir nicht zu nah.

Götz von Berlichingen

Denn so ließen sich wohl Musterstücke in Menge vorlegen, wo griechische Künstler in ihren Darstellungen von Tieren die Natur nicht allein erreicht, sondern sogar weit übertroffen haben.

Eckermann, 20.10.1828

Die Kenntnis der organischen Naturen überhaupt, die Kenntnis der vollkommneren, welche wir im eigentlichen Sinne Tiere und besonders Säugetiere nennen; der Einblick, wie die allgemeinen Gesetze bei verschieden beschränkten Naturen wirksam sind; die Einsicht zuletzt, wie der Mensch dergestalt gebaut sei, daß er so viele Eigenschaften und Naturen in sich vereinige und dadurch auch schon physisch als eine kleine Welt, als ein Repräsentant der übrigen Tiergattungen existiere, alles dieses kann nur dann am deutlichsten und schönsten eingesehen werden, wenn wir nicht, wie bisher leider nur zu oft geschehen, unsere Betrachtungen von oben herab anstellen und den Menschen im Tiere suchen, sondern wenn wir von unten herauf anfangen und das einfachere Tier im zusammengesetzten Menschen endlich wieder entdecken.

Vorträge über vergleichende Anatomie

Der Tiger, der dem Hirsch begreiflich machen will,
wie köstlich es ist, Blut zu schlürfen.

Maximen und Reflexionen

Hält's der Jäger mit dem Fuchse,
Ist's unmöglich, ihn zu fangen.

Parabolisch

Nur das feurige Roß, das mutige, stürzt auf der Rennbahn,
Mit bedächtigem Paß schreitet der Esel daher.

Tabulae votivae

Die Tiere waren ihm (Goethen) nur interessant als mehr oder mindere Approximation in der Organisation und vorläufige Ankündigungen des endlich erscheinenden Herrn der Schöpfung.

Riemer, zeitlich unbestimmt

Blick in die Zukunft

Mir ist nicht bange, daß Deutschland nicht eins werde, unsere guten Chausseen und künftigen Eisenbahnen werden schon das ihrige tun.

Eckermann, 23.10.1828

Reichtum und Schnelligkeit ist, was die Welt bewundert und wonach jeder strebt; Eisenbahnen, Schnellposten, Dampfschiffe und alle mögliche Fazilitäten der Kommunikation sind es, worauf die gebildete Welt ausgeht, sich zu überbieten, zu überbilden und dadurch in der Mittelmäßigkeit zu verharren.

An Zelter, 6.6.1825

Er (Herzog von Leuchtenberg) teilte mir in Marienbad einen Plan mit, über dessen Ausführung er viel mit mir verhandelte. Er ging nämlich damit um, den Rhein mit der Donau durch einen Kanal zu vereinigen. Ein riesenhaftes Unternehmen, wenn man die widerstrebende Lokalität bedenkt. (...) Karl der Große hatte schon denselbigen Plan und ließ auch mit der Arbeit anfangen, allein das Unternehmen geriet bald in Stocken: der Sand wollte nicht Stich halten, die Erdmassen fielen von beiden Seiten immer wieder zusammen.

Eckermann, 29.2.1824

Ich wiederhole also: es ist für die Vereinigten Staaten durchaus unerläßlich, daß sie sich eine Durchfahrt aus dem Mexikanischen Meerbusen in den Stillen Ozean bewerkstelligen, und ich bin gewiß, daß sie es erreichen. Dieses möchte ich erleben, aber ich werde es nicht. Zweitens möchte ich erleben, eine Verbindung der Donau mit dem Rhein hergestellt zu sehen. (...) Und endlich drittens möchte ich die Engländer im Besitz eines Kanals von Suez sehen. Diese drei großen Dinge möchte ich erleben und es wäre wohl der Mühe wert, ihnen zuliebe es noch einige fünfzig Jahre auszuhalten.

Eckermann, 21.2.1827

Wer die Entdeckung der Luftballone miterlebt hat, wird ein Zeugnis geben, welche Weltbewegung daraus entstand, welcher Anteil die Luftschiffer begleitete, welche Sehnsucht in so viel tausend Gemütern hervordrang, an solchen längst vorausgesetzten, vorausgesagten immer geglaubten und immer unglaublichen, gefahrvollen Wanderungen teilzunehmen.

Maximen und Reflexionen

Wir fühlen auch die Ahnung körperlicher Anlagen, auf deren Entwicklung wir in diesem Leben Verzicht tun müssen: so ist es ganz gewiß mit dem Fliegen.

Briefe aus der Schweiz

Ach, zu des Geistes Flügeln wird so leicht
Kein körperlicher Flügel sich gesellen.

Faust I

... wem bekannt ist, wie der Menschengeist voreilen kann, ehe ihm die Technik nachkommt ...

Geschichte der Farbenlehre

Bei Ausbreitung der Technik hat man keine Sorge, sie hebt nach und nach die Menschheit über sich selbst und bereitet der höchsten Vernunft, dem reinsten Willen höchst zusagende Organe.

Wilhelm Meisters Wanderjahre

Das überhandnehmende Maschinenwesen quält und ängstigt mich, es wälzt sich heran wie ein Gewitter, langsam, langsam; aber es hat seine Richtung genommen, es wird kommen und treffen.

Wilhelm Meisters Wanderjahre

Das Kapitel der Elektrizität ist noch das, was in neuerer Zeit nach meinem Sinne am vorzüglichsten bearbeitet ist.

J. D. Falk, 28.2.1809

... daß die schönsten Entdeckungen nicht sowohl durch Menschen als durch die Zeit gemacht worden; wie denn eben sehr wichtige Dinge zu gleicher Zeit von zweien oder wohl gar mehreren geübten Denkern gemacht worden.

Schriften zur Natur- und Wissenschaftslehre

Wenn ich an alle die neuen Entdeckungen und Erfindungen denke, welche während meines Lebens gemacht wurden und welche ich langsam kennen lernte, bedaure ich die Jugend, welche das alles in wenigen Jahren erlernen muß.

A. E. Odyniec, 29.8.1829

Wir Deutschen sind von gestern. Wir haben zwar seit einem Jahrhundert ganz tüchtig kultiviert; allein es können noch ein paar Jahrhunderte hingehen, ehe bei unseren Landsleuten so viel Geist und höhere Kultur eindringe und allgemein werde, daß sie gleich den Griechen der Schönheit huldigen, daß sie sich für ein hübsches Lied begeistern, und daß man von ihnen wird sagen können, es sei lange her, daß sie Barbaren gewesen.

Eckermann, 3.5.1827

... aber in der Wissenschaft ist die absoluteste Freiheit nötig; denn da wirkt man nicht für heut und morgen, sondern für undenklich vorschreitende Zeitenreihe.

Wilhelm Meisters Wanderjahre

In der Naturforschung, ja in jeder Forschung müssen wir es so weit bringen; denn was will das heißen, daß jedermann von Liberalität spricht und den andern hindern will, nach seiner Weise zu denken und sich auszusprechen?

Maximen und Reflexionen

Jeder von uns mag gern in seinem Fache fortschreiten, und bei der Verwandtschaft der Fächer ist der Fortschritt des einen auch Gewinn für den anderen.

An K. M. Jacobi, 16.8.1799

Eritis sicut Deus, scientes bonum et malum.

Faust I

(Was gibt es denn?) Es wird ein Mensch gemacht.
(Ein Mensch? Und welch verliebtes Paar
Habt ihr ins Rauchloch eingeschlossen?)
Behüte Gott! Wie sonst das Zeugen Mode war,
Erklären wir für eitel Possen,
...
Wenn sich das Tier noch weiter dran ergetzt,
So muß der Mensch mit seinen großen Gaben
Doch künftig reinern, höhern Ursprung haben.

Faust II,
Der Chemiker Wagner „macht" (klont?) den Homunkulus

Goethe über sein Leben

Die Konstellation war glücklich: die Sonne stand im Zeichen der Jungfrau und kulminierte für den Tag; Jupiter und Venus blickten sie freundlich an, Merkur nicht widerwärtig; Saturn und Mars verhielten sich gleichgültig; nur der Mond, der soeben voll ward, übte die Kraft seines Gegenscheins um so mehr, als zugleich seine Planetenstunde eingetreten war. Er widersetzte sich daher meiner Geburt, die nicht eher erfolgen konnte, als bis diese Stunde vorübergegangen.

Dichtung und Wahrheit

In einer ansehnlichen Stadt geboren und erzogen, gewann ich meine erste Bildung in der Bemühung um alte und neuere Sprachen, woran sich früh rhetorische und poetische Übungen anschlossen. Hierzu gesellte sich übrigens alles, was in sittlicher und religiöser Hinsicht den Menschen auf sich selbst hinweist.

Geschichte meines botanischen Studiums

Allerhand neues hab ich gemacht. Eine Geschichte des Titels: Die Leiden des jungen Werthers, darin ich einen jungen Menschen darstelle, der mit einer tiefen reinen Empfindung und wahrer Penetration begabt, sich in schwärmende Träume verliert, sich durch Spekulation untergräbt, bis er zuletzt durch dazutretende unglückliche Leidenschaften, besonders eine endlose Liebe, zerrüttet, sich eine Kugel vor den Kopf schießt.

An G. F. Schönborn, 4.6.1774

Wie eine Schlittenfahrt geht mein Leben rasch weg und klingelnd und promenierend auf und ab. Gott weiß, wozu ich noch bestimmt bin.

An Johanna Fahlmer, 22.11.1775

Das Glücklichste ist, daß ich nun sagen kann, ich bin auf dem rechten Wege, und es geht mir von nun an nichts verloren.

An Charlotte v. Stein, 2.10.1783

Ich kam höchst unwissend in allen Naturstudien nach Weimar, und erst das Bedürfnis, dem Herzog bei seinen mancherlei Unternehmungen, Bauten, Anlagen, praktische Ratschläge geben zu können, trieb mich zum Studium der Natur.

F. v. Müller, 16.3.1824

Ich bin nicht hier (in Rom), um nur nach meiner Art zu genießen, ich will lernen und mich ausbilden, eh ich vierzig Jahr alt werde.

An das Ehepaar Herder, 10.11.1786

Ich bin ein Kind des Friedens und will Friede halten für und für mit der ganzen Welt, da ich ihn einmal mit mir selbst geschlossen habe.

Italienische Reise, 12.10.1887

Die Hauptabsicht meiner Reise (nach Italien) war: mich von den physisch-moralischen Übeln zu heilen, die mich in Deutschland quälten und mich zuletzt unbrauchbar machten; sodann den heißen Durst nach wahrer Kunst zu stillen, das erste ist mir ziemlich, das letzte ganz geglückt.

An Herzog Karl August, 25.1.1788

Ich habe an der Homerischen, wie an der Nibelungischen Tafel geschmaust, mir aber für meine Person nichts gemäßer gefunden, als die breite und tiefe, immer lebendige Natur, die Werke der griechischen Dichter und Bildner.

An Knebel, 9.11.1814

Ich habe in meinem Leben viel, vielleicht mehr als billig, für andere getan, und mich und die Meinigen dabei vergessen; dies kann ich dir ohne Ruhmredigkeit sagen, da du manches weißt; aber ich habe mich nie verbürgt, und unter meinem Nachlaß findest du keinen solchen Akt.

An August v. Goethe, 19.9.1816

Ich habe den großen Vorteil, daß ich zu einer Zeit geboren wurde, wo die größten Weltbegebenheiten an die Tagesordnung kamen und sich durch mein langes Leben fortsetzten, so daß ich vom Siebenjährigen Kriege, sodann von der Trennung Amerikas von England, ferner von der Französischen Revolution und endlich von der ganzen Napoleonischen Zeit bis zum Untergange des Helden und den folgenden Ereignissen lebendiger Zeuge war. Hierdurch bin ich zu ganz anderen Resultaten und Einsichten gekommen, als allen denen möglich sein wird, die jetzt geboren werden und die sich jene großen Begebenheiten durch Bücher aneignen müssen, die sie nicht verstehen.

Eckermann, 25.2.1824

Nehmt nur mein Leben hin in Bausch
Und Bogen, wie ichs führe:
Andere verschlafen ihren Rausch,
Meiner steht auf dem Papiere.

Zahme Xenien

Da ich in Jahrtausenden lebe, so kommt es mir immer wunderlich vor, wenn ich von Statuen und Monumenten höre. Ich kann nicht an eine Bildsäule denken, die einem verdienten Manne gesetzt wird, ohne sie im Geiste schon von künftigen Kriegern umgeworfen und zerschlagen zu sehen.

Eckermann, 5.7.1827

Ich halte zwar in meinen Papieren die allermöglichste Ordnung, sonst könnt ich auch nicht einen Tag leben; aber doch fehlt's manchmal in einzelnen Punkten ...

An Zelter, 2.1.1829

Hätte Gott mich anders gewollt,
So hätt er mich anders gebaut;
Da er mir aber Talent gezollt,
Hatt er mir viel vertraut.

Zahme Xenien

Ich bin auf Wort, Sprache und Bild im eigentlichsten Sinne angewiesen und völlig unfähig, durch Zeichen und Zahlen, mit welchen sich höchstbegabte Geister leicht verständigen, auf irgend eine Weise zu operieren.

An K. F. Naumann, 24.1.1826

Panoramic ability schreibt mir ein englischer Kritiker zu, wofür ich allerschönstens zu danken habe.

Maximen und Reflexionen

In religiösen Dingen, in wissenschaftlichen und politischen, überall machte es mir zu schaffen, daß ich nicht heuchelte und daß ich den Mut hatte, mich auszusprechen, wie ich empfand.

Eckermann, 4.1.1824

... es liegt nun einmal in meiner Natur, ich will lieber eine Ungerechtigkeit begehen, als Unordnung ertragen.

Belagerung von Mainz, 25.7.1793

Ich weiß recht gut, ich bin vielen ein Dorn im Auge, sie wären mich alle sehr gerne los; und da man nun an meinem Talent nicht rühren kann, so will man an meinen Charakter. Bald soll ich stolz sein, bald egoistisch, bald voller Neid gegen junge Talente, bald in Sinnenlust versunken, bald ohne Christentum, und nun endlich gar ohne Liebe zu meinem Vaterlande und meinen lieben Deutschen.

Eckermann, 14.3.1830

Ein aufmerksamer, gerader Deutscher hätte vielleicht gesagt: das ist auch einer, der sich's hatt sauer werden lassen! (zu Goethes Gesichtsausdruck)

Schriften zur Kunst

Man hat mich immer als einen vom Glück besonders Begünstigten gepriesen; auch will ich mich nicht beklagen und den Gang meines Lebens nicht schelten. Allein im Grunde ist es nichts als Mühe und Arbeit gewesen, und ich kann wohl sagen, daß ich in meinen fünfundsiebzig Jahren keine vier Wochen eigentliches Behagen gehabt. Es war das ewige Wälzen eines Steines, der immer von neuem gehoben sein wollte.

Eckermann, 27.1.1824

Ich war ein leidlicher Kerl, ließ mich auf keine Klatschereien ein, stand jedem in guten Dingen zu Diensten und so kam ich durch.

F. v. Müller, 18.2.1830

Ich verdanke meine Werke keineswegs meiner eigenen Weisheit allein, sondern Tausenden von Dingen und Personen außer mir, die mir dazu das Material boten.

Eckermann, 17.2.1832

Gewöhnlich schrieb ich alles zur frühsten Tageszeit; aber auch abends, ja tief in die Nacht, wenn Wein und Geselligkeit die Lebensgeister erhöhten, konnte man von mir fordern, was man wollte; es kam nur auf eine Gelegenheit an, die einigen Charakter hatte, so war ich bereit und fertig.

Dichtung und Wahrheit

Beim Werther und Faust mußte ich dagegen wieder in meinen eigenen Busen greifen, denn das Überlieferte war nicht weit her.

Eckermann, 16.2.1826

Der Faust entstand mit meinem Werther: ich brachte ihn im Jahre 1775 mit nach Weimar. Ich hatte ihn auf Postpapier geschrieben und nichts daran gestrichen; denn ich hütete mich, eine Zeile niederzuschreiben, die nicht gut war und die nicht bestehen konnte.

Eckermann, 10.2.1829

Mein ferneres Leben kann ich nunmehr (nach Vollendung des Faust) als ein reines Geschenk ansehen, und es ist jetzt im Grunde ganz einerlei, ob und was ich noch etwa tue.

Eckermann, 6.6.1831

Ein Glück für mich war es indes, daß ich Schillern hatte. Denn so verschieden unsere beiderseitigen Naturen auch waren, so gingen doch unsere Richtungen auf eins, welches denn unser Verhältnis so innig machte, daß im Grunde keiner ohne den andern leben konnte.

Eckermann, 7.10.1827

Je älter ich werde, sehe ich mein Leben immer lückenhafter, indem es andere als ein Ganzes zu behandeln belieben und sich daran ergötzen.

An Zelter, 20.8.1831

Mein Leben ein einzig Abenteuer.

Dichtung und Wahrheit

Goethes Werke (Auswahl)

Gedichte und Balladen sind nicht aufgeführt.

Die Laune des Verliebten, Drama, 1768
Die Mitschuldigen, Drama, 1769
Götz von Berlichingen mit der eisernen Hand, Drama, 1773
Prometheus, Dramatisches Fragment, 1773
Die Leiden des jungen Werthers, Roman, 1774
Clavigo, Drama, 1774
Götter, Helden und Wieland, Satire, 1774
Erwin und Elmire, Singspiel, 1775
Die Geschwister, Drama, 1776
Stella, Drama, 1776
Egmont, Drama, 1778
Iphigenie auf Tauris, Drama, 1779
Elpenor, Drama, 1783
Torquato Tasso, Drama, 1790
Die Metamorphosen der Pflanze, Abhandlung, 1790
Römische Elegien, 1790
Der Groß-Cophta, Drama, 1792
Der Bürgergeneral, Drama, 1793
Reineke Fuchs, Epos, 1794
Venezianische Epigramme, 1795
Xenien (von Goethe und Schiller), 1796
Wilhelm Meisters Lehrjahre, Roman, 1796
Hermann und Dorothea, Epos, 1797
Die natürliche Tochter, Drama, 1803
Pandora, Festspiel, 1808
Die Wahlverwandtschaften, Roman, 1809
Zur Farbenlehre, 1810
Dichtung und Wahrheit, Autobiographie, 1813
Des Epimenides Erwachen, Festspiel, 1814
Italienische Reise, 1817
Westöstlicher Divan, Gedichtsammlung, 1819
Zahme Xenien, Gedichtsammlung, 1827
Wilhelm Meisters Wanderjahre, Roman, 1829

Faust, Drama,	Urfaust, 1772-1775 Zueignung, 1797 Vorspiel auf dem Theater, 1797 Prolog im Himmel, 1797 Der Tragödie erster Teil, 1797-1806 Der Tragödie zweiter Teil, 1800, 1825-1831

Goethes Brief- und Gesprächspartner (Auswahl)

Bayern, Ludwig I., von (1786-1868), 1825 zum König gekrönt, 1827 war Ludwig zum Geburtstag des Dichters in Weimar, 1828 beauftragte er Stieler, Goethe in Weimar zu malen.

Brühl, Moritz Paul Karl Friedrich Graf von (1772-1837), Offizier und Hofbeamter in Berlin, 1815 Intendant der Königlichen Schauspiele, 1830 Generalintendant der Königlichen Museen.

Büchler, Johann Lambert (1785-1822), Diplomat in badischen Diensten.

Carus, Carl Gustav (1789-1869), Arzt, Naturforscher, Naturphilosoph, Psychologe und Künstler in Dresden.

Conta, Carl Friedrich Anton von (1778-1850), Jurist im weimarischen Staatsdienst, literarische, künstlerische mineralogische Interessen.

Cotta, Johann Friedrich Freiherr von Cottendorf (1764-1832), Buchhändler und Verleger in Tübingen, ab 1810 in Stuttgart. Seit 1798 betreute Cotta das Goethesche Werk.

Eckermann, Johann Peter (1792-1854), seit 1823 (unbezahlter) Helfer Goethes, Mitarbeiter an der Ausgabe letzter Hand, seit 1825 zeichnete er Goethes Gespräch auf, die 1835-1848 erschienen.

Egloffstein, Julie Gräfin von (1792-1869), gehörte zum engsten Freundeskreis des alternden Goethe.

Eybenberg, Marianne von (†1812), Tochter eines reichen Berliner Kaufmanns, eine kluge, elegante und amüsante Frau.

Fabricius, Catharina Anna, eine Freundin von Goethes Schwester.

Fahlmer, Johanna Catharina (1744-1821), nach Cornelias Tod, der Schwester Goethes, wurde sie Schlossers zweite Frau.

Falk, Johann Daniel (1768-1826), Schriftsteller und Erzieher, seit 1798 in Weimar, enge Beziehungen zu Goethe.

Förster, Friedrich (1791-1868), Historiker, Journalist, Schriftsteller, arbeitete in Berlin, besuchte 1831 Goethe.

Goethe, August, Julius von (1789-1830), Goethes Sohn, Jurastudium in Heidelberg, im Weimarer Staatsdienst, ein schwieriger und schwerfälliger Mensch, bedrückt durch die Größe des Vaters, starb auf einer Italienreise in Rom.

Goethe, Christiane Johanna Sophie, geb. Vulpius (1765-1816), seit 1788 im Hause Goethes, seit 1806 mit Goethe verheiratet.

Goethe, Cornelia (1750-1777), Goethes einzige Schwester, mit dem Bruder erzogen, heiratet 1773 Georg Schlosser, einen Freund der Familie, Jurist in badischen Diensten.

Grüner, Johann Sebastian (1780-1864), Jurist und Verwaltungsbeamter in Eger, Gesellschafter und Begleiter bei Goethes Badeaufenthalten in Böhmen, gemeinsames Interesse für Mineralogie.

Hecker, Justus Friedrich Karl (1795-1850), Arzt und Professor der Medizin in Berlin.

Herder, Johann Gottfried von (1744-1803), Schriftsteller, Philosoph und Theologe, Goethe lernte ihn 1770 in Straßburg kennen, veranlaßte 1776 seine Berufung zum Generalsuperintendenten in Weimar. Herders Frau Caroline, geb. Flachsmann, eine kluge, empfindsame Frau.

Humboldt, Wilhelm Freiherr von (1767-1835), Sprachforscher, Ästhetiker, preußischer Diplomat, Minister des Innern, 1810 Begründer der Berliner Universität. Lernte 1795 Goethe in Jena kennen. Gegenseitige Hochschätzung.

Jacobi, Friedrich Heinrich (1743-1819), Kaufmann, Jurist, Philosoph und Schriftsteller, 1805-1813 Präsident der Akademie der Wissenschaften in München. Seit 1774 herzliche Freundschaft mit Goethe.

Jacobi, Karl Maximilian (1775-1858), Sohn von Friedrich Heinrich Jacobi, Arzt in Düsseldorf.

Kestner, Johann Christian (1741-1800), Jurist, Legationssekretär am Reichskammergericht in Wetzlar, mit Charlotte Buff verlobt (dem Vorbild der Lotte im „Werther“), die er 1773 heiratete.

Kirms, Franz (1750-1826), Verwaltungsbeamter in Weimar, Goethes rechte Hand bei der Leitung des Theaters.

Knebel, Karl Ludwig (1744-1834), Offizier, Erzieher des Prinzen Konstantin in Weimar, arrangierte 1774 in Frankfurt das Treffen zwischen dem Prinzen Karl August und Goethe.

Krafft, Johann Friedrich (†1785), ein Unbekannter, der 1778 Goethe um Hilfe bat, diese auch reichlich erhielt.

Krummacher, Friedrich Wilhelm (1796-1868), Hofprediger in Potsdam, lernte Goethe 1817 in Jena kennen.

La Roche, Sophie von (1731-1807), Cousine von Wieland, erfolgreiche Schriftstellerin in der Nachfolge Rousseaus, Goethe war von der elegant-empfindsamen Frau beeindruckt.

Laube, Heinrich (1806-1884), Dichter des Jungen Deutschland, 1849 Direktor des Burgtheaters in Wien, Förderer Grillparzers.

Lavater, Johann Kaspar (1741-1801), Prediger und Schriftsteller in Zürich, 1773-1780 schwärmerische Zuneigung Goethes, gegenseitige Besuche, spätere Entfremdung.

Lobe, Johann Christian (1797-1881), Komponist und Musikschriftsteller, Mitglied der Weimarer Theaterkapelle.

Luden, Heinrich (1780-1847), Historiker und Publizist, Professor in Jena, Verfasser einer „Geschichte des deutschen Volkes", lernte Goethe 1806 in Weimar kennen.

Mendelssohn, Abraham (1776-1835), Bankier und Stadtrat in Berlin, Vater von Felix Mendelssohn-Bartholdy.

Meyer, Johann Heinrich (1759-1832), Maler und Kunsthistoriker, Schweizer, Goethe lernte ihn 1786 in Rom kennen und berief ihn 1792 an die Zeichenschule nach Weimar, ab 1807 Direktor.

Müller, Friedrich von (1779-1849), Jurist und Verwaltungsbeamter in Weimar, ab 1815 Kanzler des Herzogtums, gehörte zum engeren Freundeskreis Goethes. Seine Tagebuchaufzeichnungen über die Unterhaltungen mit Goethe erschienen 1870.

Naumann, Karl Friedrich (1797-1873), Mineraloge in Jena, später in Leipzig, verfaßte einen „Grundriß der Kristallographie".

Nees von Esenbeck, Christian Gottfried Daniel (1776-1858) Mediziner, Botaniker und Naturphilosoph, Arzt in Frankfurt, später Professor in Erlangen, Bonn und Breslau.

Odyniec, Anton Eduard (1804-1885), polnischer Schriftsteller und Übersetzer.

Reinhard, Karl Friedrich Graf von (1761-1837), Diplomat in französischen Diensten, lernte Goethe 1807 in Karlsbad kennen, besuchte ihn häufig in Weimar.

Riemer, Friedrich Wilhelm (1774-1845), Philologe und Schriftsteller, Lehrer von Goethes Sohn, lebte im Haus am Frauenplan, enger Mitarbeiter Goethes, überwarf sich 1812 mit Goethes Sohn und mied bis 1819 das Goethe'sche Haus.

Röderer, Johann Gottfried (1749-1815), Straßburger Jugendfreund Goethes, Pfarrer in Straßburg, eng mit Lavater verbunden.

Sachsen-Weimar-Eisenach, Karl August von (1757-1828) seit 1775 regierender Herzog, 1815 Großherzog, berief 1775 Goethe nach Weimar, der sein Freund und nächster Vertrauter wurde. Karl Augusts Verdienst war es, in Weimar und Jena die Elite des damaligen deutschen Geistes versammelt und gehalten zu haben.

Schelling, Friedrich Wilhelm Joseph von (1775-1854), Philosoph, 1798 auf Veranlassung Goethes nach Jena berufen.

Schiller, Friedrich von (1759-1805), Dichter und Gelehrter, seit 1787 in Weimar, 1789 Professor für Geschichte in Jena, seit 1799 wieder in Weimar. Durch die Begegnung in der naturforschenden Gesellschaft 1794 in Jena wurde die Freundschaft zwischen Schiller und Goethe begründet. – Schiller heiratete 1790 Charlotte von Lengefeld (1766-1826).

Schnitter, Wilhelm Johann Gottfried (1802-1887), Lyriker, Dramatiker, Jurist in Greifswald.

Schönborn, Gottfried Friedrich Ernst (1837-1817), Dichter, dänischer Konsulatssekretär.

Soret, Frédéric Jean (1795-1865), Naturforscher, Theologe und Schriftsteller aus Genf, 1822 zur Erziehung des Erbprinzen Karl Alexander nach Weimar berufen, gehörte zum engsten Kreis um den alten Dichter.

Stein, Charlotte von, geb. von Schardt (1742-1827), Hofdame der Herzogin Anna Amalia, verheiratet mit dem Oberstallmeister Gottlob Ernst Josias von Stein in Weimar. Enges Freundschaftsverhältnis zu Goethe von 1775 bis zum Ende seiner ersten Italienreise 1788. Sie beeinflußte sein dichterisches Schaffen entscheidend.

Stein, Gottlob Friedrich (Fritz) Konstantin von (1772-1844), jüngster Sohn von Josias und Charlotte von Stein, Zögling Goethes, seit 1798 im preußischen Verwaltungsdienst.

Vogel, Karl (1798-1864), Arzt, seit 1826 Hofmedikus in Weimar und Hausarzt Goethes.

Voigt, Christian Karl Gottlob von (1743-1819), hoher Verwaltungsbeamter in Weimar, seit 1815 Präsident des Staatsministeriums, stand Goethe dienstlich und persönlich nahe.

Voss, Heinrich (1779-1822), Sohn des berühmten Homer-Übersetzers Johann Heinrich Voss, Philologe, Lehrer am Weimarer Gymnasium, ständiger Gast im Goethehaus, später Professor für klassische Philologie in Heidelberg.

Willemer, Johann Jakob von (1760-1838), Bankier und Schriftsteller in Frankfurt, seit 1778 mit Goethe befreundet.

Zauper, Joseph Stanislaus (1784-1850), Philologe, Pädagoge und Schriftsteller in Pilsen, traf Goethe während seiner Badeaufenthalte in Böhmen.

Zelter, Karl Friedrich (1758-1832), ursprünglich Maurermeister in Berlin, später Musiker und Komponist, Professor für Musik an der Akademie der Künste, vertonte Goethe-Gedichte, innige Freundschaft mit Goethe.